没有教不好的孩子，只有不会教的父母

仪式感，让孩子幸福满满

路勇 著

天津出版传媒集团

天津人民出版社

图书在版编目（CIP）数据

仪式感，让孩子幸福满满 / 路勇著. -- 天津：天津人民出版社，2020.1
（没有教不好的孩子，只有不会教的父母）
ISBN 978-7-201-15772-6

Ⅰ.①仪… Ⅱ.①路… Ⅲ.①儿童教育—家庭教育
Ⅳ.①G78

中国版本图书馆CIP数据核字(2020)第019365号

仪式感，让孩子幸福满满
YISHI GAN RANG HAIZI XINGFU MANMAN

出　　版	天津人民出版社
出 版 人	刘　庆
地　　址	天津市和平区西康路35号康岳大厦
邮政编码	300051
邮购电话	（022）23332469
网　　址	http://www.tjrmcbs.com
电子信箱	reader@tjrmcbs.com
责任编辑	杨　芊
装帧设计	末末美书
印　　刷	天津旭非印刷有限公司
经　　销	新华书店
开　　本	710毫米×1000毫米　1/16
印　　张	14
字　　数	170千字
版次印次	2020年1月第1版　2020年1月第1次印刷
定　　价	45.00元

每个家庭都差不多，平常的时光简简单单过，严肃的爸爸，温柔的妈妈，孩子有时温顺，有时调皮，日子仿佛是一泓安静无澜的池水。

其实，每一天都是不一样的一天，每一个平凡的日子都值得纪念。孩子的生活需要仪式感，并不一定惊天动地，也不一定激情澎湃，但是却会载入孩子的"编年史"。

我们能教会孩子的是认真对待每一天，用充满惊喜的眼光去看世界，用感恩的心对待周遭的一切，永远都不会丢失必要的勇敢和自信。当孩子更深入地走进生活，体验生活，一定会发现每一天都充满趣味性。

孩子的幸福感，多半来自家庭的仪式感。一对有仪式感的爸爸妈妈，总能在言传身教之中让孩子感受仪式感之美。日子不应该总是潦草的，谁都可以把平常日子过成一首诗，家长是孩子幸福生活的指挥官和引导者。

不破坏孩子与生俱来的仪式感，不缺席孩子重要的人生时刻，我们努力给孩子营造不一样的成长体验。每个节日都有重要的意义，参与是最好的人生姿态，陪伴是最好的家庭教育。毕竟成长是不复重来的过程，仪式感缺失只会带来难以弥补的遗憾。

或许我们不能给孩子最好的物质条件，却能让孩子幸福快乐地度过每一天。仪式感是表达情感的渠道，仪式感本来就是无处不在，我们保护孩子的仪式感，也是维护幸福的方式。幸福便是成长的仪式感，当幸福缺席的时候，一定是仪式感不足。

　　法国童话《小王子》里说，仪式感就是使某一天与其他日子不同，使某一时刻与其他时刻不同。同与不同，都是孩子成长必经的过程，用心，日子就不会千篇一律，快乐的感觉也不会重样，孩子的明天也会更美好。

　　当孩子的成长被仪式感包围，那成长的每一步都变得有意义，我们就不用担心孩子变得胆怯、无趣，因为经过时光的打磨，有了仪式感的加持，孩子的人生必将熠熠生辉。比起许多枯燥的教条主义，仪式感的树立有趣得多，当孩子最终拥有了不一样的人生，一定会感谢当初不离不弃的你。

目　录

第一章

不要破坏孩子与生俱来的仪式感

　　生活需要仪式感，我们都想给孩子一个有仪式感的人生。其实我们不知道，孩子生来就具有仪式感。他知道在你抱他的时候给你一个迷人的微笑，知道亲亲脸颊之后甜甜地说上一句"我好喜欢你"，知道因为你没有让他穿最喜欢的那双鞋子，而噘起小嘴巴生气……

每个孩子都有自己的天性

三岁佳婷的妈妈向我吐槽，佳婷非常有个性，去外面玩，偏要穿公主裙，过生日时候吃的蛋糕，偏偏要巧克力的，就连到乡下的外婆家做客，也偏偏拽上自己的小提包，说自己是去旅行……自己哪里是生了一个女儿，俨然生了一个难伺候的小公主。

是的，很多家长都会有这样的困惑，自己生了个什么样的孩子呢？小小的年纪，会指名道姓地选择谁陪着玩，会千挑万选地选自己喜欢的衣服穿，到幼儿园和小朋友玩，也是和这个小朋友玩，不喜欢和那个小朋友玩。一个小孩子，哪有那么多的道理，那么多的事情呢？

其实出现这种事情的原因只有一个，每个孩子都有自己的天性，别看他们的年纪小，他们也知道自己喜欢什么，知道自己想干什么。有一年我乘火车到外地出差，听见一个妈妈讲她们家孩子的趣事，妈妈说孩子非常喜欢下雨，一到夏天就仰着小脸看天，盼着天阴下来下雨。要是下雨了，就高兴

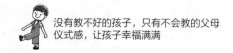

地在雨里又蹦又跳，还和妈妈说自己就是喜欢雨，就是喜欢看雨从天上落下来。要是好几天不下雨就愁眉苦脸。有一年干旱，一个夏天都没下几场雨，小家伙受不了了，端着一盆水往天上泼，说自己要人工降雨。那位妈妈说，那天，孩子端着一个小盆，一盆一盆地往天上泼水，那架势，不把天逼得降些雨下来，都不罢休。后来，爷爷用一根管子在她头上淋，让她穿着小雨衣，才结束了她"求雨"的过程。妈妈摇着头说，不知道这孩子为什么这样喜欢雨，有时候真拿她没办法。

还有一个孩子，更是把天性发挥到了极致。她是我表妹家的女儿，不知道怎么回事，非常喜欢画画，每天早上睁开眼睛第一件事，就是画画。墙上、玻璃上、甚至是地板上，都有她画画的痕迹。她心情不好，情绪不高时，只要给她拿一支笔，拿几张纸，告诉她可以去画画，便马上露出甜甜的笑脸。有两天家里来了客人，妈妈怕她到处乱画，把她的笔藏了起来，她闹了好一阵子，妈妈没有办法，只好把笔还给她，又给她买了本子，并一再声明，只可以在纸上画。现在这个喜欢画画的小孩子，已经拿了好几次我们市里的儿童画奖。有一天我奇怪地问她："你怎么这么喜欢画画呢？"她嘟着小嘴说："我也不知道，我就是喜欢画画，一画画我就高兴。"看来，喜欢画画就是她的个性。

每个孩子都有自己的天性，就像世上没有两片相同的叶子一样，很少有两个孩子的天性是完全相同的。对于孩子来说，天性，有时候就是他们的专属仪式。参加活动时，认识一个开朗的小姑娘，无论见到谁，她都大方地打招呼。她的妈妈有些不好意思地说："这个孩子不知道是怎么回事，比大人的社交能力都强，情商都高，有好几次尴尬的聊天场面，被这个小女孩带动得热情洋溢的。"她妈妈刚说完，我就见证了这个小女孩热情似火的个性。我一个人在一张桌子前坐着，小姑娘看到我马上走了过来，对我说："叔叔，你一个人多无聊，我给你讲两个故事吧！"接着，坐在我旁边，说，"我可会讲故事了，在幼儿园里，我是讲故事小能手呢！"说完，大方地站在我的面前，讲了一个《小绵羊》的故事，边讲边用手做着动作，声情并茂的。我虽然平时不知道怎么和小朋友交流，但这个小女孩始终让我舍不得把目光从她身上移开。

我非常佩服小女孩的妈妈，从小姑娘到我这聊天，再到表演节目，她妈妈从来没有出言阻止，而是微笑地站在一旁，给她鼓励。那时，我还没有女儿，不过我也知道，这才是正确养育孩子的方式，不压制孩子，不控制孩子。有一个神话说，每个孩子都是带着才情下凡的天使，可是，有的才情和智慧，被爸爸妈妈压制了，没能释放出来。而有的就比较幸运，不仅能得以尽情地释放，而且，在爸爸妈妈的精心呵护下，更加趋于完美。我想这个小女孩，应该就属于后者了，因为爸爸妈妈的许可，让她把天性得以尽情释放，让她有了一个专属自己的仪式和名片。可是，不少爸爸妈妈却不懂这个道理，总是在试图压制孩子的天性，试图把自己的孩子变成和别人的孩子一个样子。

好友刘曼就是这样，她的孩子是一个乖巧的小女生，最喜欢做的事情就是安安静静地坐在一旁看看书，玩玩玩具。可刘曼却对此非常反感，总想让孩子蹦蹦跳跳，笑笑闹闹。为此，还把孩子送去了口才培训班。可是，她的孩子天性就是一个喜欢安静的孩子，根本就不太喜欢被注目、被关切，在口才培训班，那么多孩子的注视下，她根本就开不了口，结果可想而知，她变得越来越不爱说话，越来越安静，甚至都有些内向和自闭了。刘曼心有不甘，看女儿不是学口才的料，又把孩子送去学了舞蹈，结果情况和在口才培训班一样，孩子不仅不按照老师要求的做动作，去了两天之后，还哭闹着不去了。

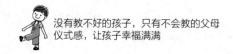
刘曼的心情可以理解。每个家长都有一颗望子成龙的心，都想让孩子变得优秀，全面发展。在培养孩子这件事上，刘曼不仅做了一件费力不讨好的事，还做了一件错事，她没有看到孩子身上的天性，只想按照自己的意思，把孩子变成自己想要的样子。可是，孩子是一个独立的个体，有自己的喜怒哀乐，怎么可以按照家长的意愿来生活，又怎么能变成你喜欢的样子，她有自己的天性，也有自己的个性，也想做自己喜欢的事。

有一次我看到了刘曼的女儿，问她："你怎么一点儿都不高兴呢？你看妈妈给你买最漂亮的书包，给你送到最好的舞蹈老师那学舞蹈，让你上最好的学校。"刘曼的女儿眨眨眼睛说："叔叔，我知道妈妈是为我好，可是，我真的不喜欢被大家看，那样我会非常不自在，我喜欢一个人看书、画画、弹琴，安静地待着，妈妈偏偏要带我到热闹的场合，我真的好难受。我也很生气，我怎么就不像那些小孩子呢？"说着还掉下眼泪来，让我看着一阵心疼。孩子也想变成妈妈喜欢的样子啊，可是她做不到，她无能为力，因为有时候，人是扭转不了自己与生俱来的性情的，更何况一个孩子。

孩子的话，也一下子证实了我的判断，刘曼的女儿就是一个不喜欢表现自己，喜欢安静的孩子，就像一棵羞答答的含羞草，你把它放在牡丹园里面，它只会自卑，只会难过，只会自愧形秽。只是，刘曼不知道这个道理，她按照自己想的方式，自己想的方法，想把女儿变成她喜欢的样子。她经常挂在嘴边的话就是："你说说看，这孩子怎么就不能像别人家孩子一样开朗大方呢？这个孩子怎么就不像别人家的女孩子一样能歌善舞呢？"

我告诉她，每个孩子有每个孩子的喜好，每个孩子有每个孩子的天性。作家刘继荣写过她女儿的故事，她的女儿与世无争，成绩中等，也让她十分恼火，想各种各样的办法，但是都收效甚微，甚至可以说毫无进展，女儿还是那个样子。有一天女儿告诉她："自己不喜欢当冠军，不喜欢争第一，就想成为一个坐在路边鼓掌的人。"听了女儿的话，她一下子明白了，也一下子理解了。不想当将军的士兵，你怎么逼迫，他也不会去当将军的，既然这样，尊重孩子的天性，让孩子痛痛快快，快快乐乐做自己，不好吗？

让孩子有一个值得回味的童年，让孩子有一个快快乐乐的人生，不好吗？当然好，而且这好像还是家长们的期望，那么，家长就要明白，每个孩子都有自己的天性，认同孩子身上的与众不同，孩子才会更快乐。

孩子的表现欲，是对生活的最初热爱

作为孩子的爸爸妈妈，你曾经有没有被孩子爱表现的状况弄得手足无措？有没有为孩子爱显摆而头疼过？我相信你们都有为此烦恼过，可是，你想过孩子那样爱表现，只不过是在寻求他人对自己的认可吗？对孩子而言，在他人面前表现自己是一件非常有仪式感的事情。

我们家楼下有一个非常可爱的小女孩，最大的特点就是喜欢表现。她妈妈曾经向我讲了这样一件让人啼笑皆非的事：一天，家里来了很多客人，女儿却一改往日安静的样子，一会儿问问这个叔叔吃不吃糖，一会儿问问那个阿姨喝不喝饮料，还细心地问大家吃不吃水果，真是要多能表现就有多能表现。客人中，有一个漂亮的阿姨，是弟弟的女朋友，女儿虽然第一次见，却分外会做事，分水果，给别人一个，给阿姨分两个；吃饭靠着阿姨坐，帮阿姨夹菜……

像这样的事情在他们家不胜枚举，让她妈妈感到既生气又好笑。谁也没教过她这样做，可她居然知道怎样去讨人欢心，怎么看都是妥妥的一个"马屁精"。真不知道现在的孩子脑袋里想的是什么？这个孩子怎么这样爱表现呢？

是的，从事情上来看，这个孩子是挺喜欢表现的。但是，仔细想一想，哪个孩子不喜欢在他人面前表现呢？

这位妈妈说她不知道孩子想的是什么，可我却知道，在孩子心里，在外人面前好好表现自己是一件非常有仪式感的事情，庄严又神圣。曾经这个可爱的小女孩，对我说了一句耐人寻味的话："叔叔，你知道吗，这么多大人都在说话，我要是不表现一下，你们怎么能知道我很乖呢？"

那次在我们小区的业主会议上，她爸爸也是业主委员会成员，业主委员会临时开会，担心把她一个人放在家里不安全，她爸爸便把她带到了办公室。她没像爸爸吩咐的那样，乖乖坐在那里，而是给大家分饮料、拿纸巾，大家纷纷夸赞不已。

小孩子需要认同感，他们不喜欢被他人忽视，喜欢被他人关注、众星捧月的感觉。所以，他们就用最直观的行动去表现自己，让大家不要忽略他们的存在。然而很多家长并不明白这些，他们在生活中，学会了低调、谦虚和隐忍，也要求自己的孩子做一个循规蹈矩、按部就班的人。可他们不知道这样不仅违背了孩子的天性，还直接压制了孩子的天性。

杨成和我是老朋友，我们是多年的邻居，两家很熟。在单位里，杨成是个小科员，没有太大的人生抱负。杨成总爱说："我不图什么成功，也不想在工作中出什么风头，安稳就是我最大的追求。"在小区里，杨成几乎像个隐形人，我拉他做业主代表他不干，我让他竞选业主委员会成员，他更是把脑袋摇成拨浪鼓，说道："你看我是那种爱表现的人吗？"

如果杨成只是这样要求自己，我也没什么好多说的，毕竟他有权利决定自己的人生。可是，杨成也这样要求自己的孩子，直接束缚孩子的成长。当

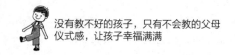

然，这恐怕也是很多家长的通病，把要求自己的那一套，也放在孩子身上。

杨成的孩子叫丁丁，是个活泼可爱的小男生，不管是我们的朋友圈，还是小区的邻居们，都很喜欢这个小精灵。我们有事没事就逗丁丁玩，让他给我们唱歌跳舞，或者让他背几句唐诗宋词，他每次都乐意配合。

有一阵子，一个叫《中国诗词大会》的节目很火，大家都热衷于聊节目中的选手，也聊节目中提到的冷僻诗词。显然，丁丁对这个节目很痴迷，通过节目学会不少课本中没有的诗词，经常在大人面前背诵，一点儿也不怯场。

一天，我和几个朋友去杨成家做客。聊天期间，丁丁自告奋勇地背起诗来。落落大方的丁丁连着背了三首诗，第四首还没背完，杨成就忙不迭地阻止孩子："别背了，来来回回就这几首，背诵诗词要懂得断句，还要配上适合的情绪，不是像你这样乱背一气。"

说实话，丁丁背得也不算太差，可杨成就劈头盖脸地批评他。这一下，原本兴致勃勃的丁丁被泼了凉水，再没有继续背诵的念头，而是把自己关进了卧室。

我忍不住对杨成说："爱表现，是每个孩子的天性，你这无疑是扼杀了他的天性。丁丁和你的性格不同，擅于表现自己的特长和想法，不能拿大人的那一套方法来管理孩子。"

说到丁丁，让我想起另一个孩子——家远，他是我女儿的同学。说起来，家远是一个瘦瘦小小的男生，瘦瘦小小的男生通常被认为运动神经不好。家远的爸爸妈妈也是这么想的，从来也没指望开发家远的运动细胞，而是想把家远往文艺方面上引。家远的妈妈不止一次跟我说："以后我希望我们家的家远当作者比较好，那些男孩子的项目估计他身体吃不消。"

一年级下学期，班主任发布学校组建足球俱乐部的消息。消息发在家长群里，很多男生的家长都纷纷询问报名事宜，唯独家远的爸爸妈妈不为所动。报名快截止了，仍然还有一个人选空缺，家远偷偷找班主任报了名。当班主任在群里公布足球队员名单时，家远妈妈大吃一惊："我家孩子怎么加入足球队了？"后来，家远妈妈跟家远确认后才知道，家远对体育有非常大的兴趣，对足球更是格外地情有独钟。虽然家远瘦瘦小小的，但是他想改变大家对他运动低能的看法。家远有点儿不好意思地跟妈妈说："我怕妈妈担心我的身体，所以就悄悄隐瞒了这一切。"家远妈妈听后恍然大悟，第一时间给家远报名参加足球俱乐部，还给家远买了运动装备。家远妈妈跟我们说："不管家远是真的爱运动，还是出于小孩子表现的心理，我都会百分百支持他。"显然，家远是幸福的，他的妈妈理解他，理解他最简单的天性，也是最美好的天性。

两个孩子都爱表现，家长的处理方式却差别很大。不难想象，被打击的丁丁会越来越胆小，而被鼓励的家远却会越来越勇敢。家远会在满足表现欲之后，更加自信，充满对生活的热爱。

天性是单纯的，也是美好的，与生俱来的表现欲，是孩子最可爱的初心，是孩子最清澈的愿望，是人生最早的仪式感。毁与捧，仅仅在一线之间，然而达到的效果却千差万别。所以，我们的家长要培育孩子的仪式感，首先要做的就是用心维护孩子爱表现这一天性。

至于怎么维护孩子的这一天性，当然也很简单，第一点就是不要随便打击孩子，无论爱表现的孩子，还是敏感而脆弱的孩子，在大人的打压下，会慢慢丧失岁生活的热爱。还有一点就是要适当鼓励孩子，让他们能够自信大方地展现自己。

爱做梦，也是孩子仪式感的一部分

作为家长，你为孩子分不清梦境和现实，沉浸在梦的幻影中而头痛过吗？我经常听家长这样的议论："我的孩子什么都敢说，什么都敢想，今天想当宇航员，明天想成为电影明星，小小年纪，总想着不切实际的事情，太爱做梦了。"每次听到这样的谈论，我都想说，这才是孩子，孩子就是应该爱做梦，因为他们的年龄，就是对什么都敢想，对什么都敢梦的年龄。而人类的进步，也正是从敢做梦开始的。每个人都有做梦的权利，特别是成长中的孩子，他们拥有着爱做梦的年纪，心里有着五彩斑斓的梦想。一个儿童作家曾经说过，孩子最天真的样子就是做梦的样子，孩子最可爱的样子，也是他天花乱坠幻想时的样子。

虽然孩子小，不太明白梦想这个词的含义，但是在他的心里面，早已经把梦和梦想当成了一件了不起的事情。有一天，我在广场散步，看见两个小朋友。刚巧天上飞过来一架飞机，一个小朋友问另一个小朋友："你长大想干什么啊？我长大了要当宇航员！"另一个摇摇头说："我可不想当宇航员，我要当奥特曼。"第一个小孩子听了大声笑起来，指着他说："奥特曼是假的，世界上根本就没有奥特曼，只有宇航员！"而另一个孩子自然不服气，狡辩着说："就算没有奥特曼，我也喜欢当奥特曼不行吗？我妈妈说了，小时候想当什么都行。"

听到这句话，我不由地笑了起来，小孩年纪虽小，真是一语中的，年纪那样小，想当什么不行呢？一位哲学家说过，梦想是有翅膀的，并且公平地分给了每个人，只是，人随着年龄的增长，经验的丰富，阅历的增加，把这双翅膀弄丢了。而孩子，却是完好拥有这双翅膀的人，所以他可以肆无忌惮地想，肆无忌惮地做梦。在他们的世界里，没有什么事情不可能发生。所以，当你发现孩子在"痴人说梦"时，一定不要以为是小孩子的胡言乱语。

时代不一样，孩子们的梦想也不一样，以前的孩子们梦想做解放军、科学家和宇航员，现在的孩子们梦想做足球运动员、歌星或演员。当然，梦想只是孩子们一时的愿景，很多梦想在时光的推进中，也会慢慢地消退或消失。

不过很多家长却不太认同孩子都爱做梦这个特点，甚至会粗暴地参与和干涉。小朋友轩轩的梦想，是当一名浴火奋战的消防员，他觉得做消防员火里来火里去，很酷，又能帮到需要帮助的人，格外地光荣。可是，轩爸却用不容商量的口气说："做消防员那么危险，你想都不要想。"不仅如此，轩爸还没收了轩轩所有消防模具，消防队的校园宣传日，竟然给轩轩请假不让参加。

轩爸的态度让轩轩很受伤，仿佛被狠狠地泼了盆凉水。有好长时间，轩轩都不怎么爱讲话，也不参加同学的游戏，一反常态地独来独往。还是班主任李老师发现了他的异常，才明白轩轩和轩爸有了关于梦想的分歧。

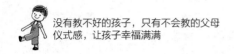

李老师劝轩爸说："轩轩这个年纪本来就爱做梦，梦想做消防员也没什么大不了的，爱做梦和圆梦是两回事，大部分孩子成年后，都做着跟梦想无关的事情。您想，您小时候的梦想是什么，现在又在做着什么？"

见轩爸还在犹豫，李老师继续说："有梦想谁都了不起，孩子有孩子做梦的权利。允许孩子做各种各样的梦，包容孩子无边无际的幻想，这就跟维护孩子的天性一样重要。而且，孩子能自由自在地做梦，也是他孩子能够保持热情、保持动力的根本。"

听老师这样说，轩爸才不再干涉轩轩。其实，完全不用老师说，做梦和圆梦，小时候想做什么，和长大了从事什么工作，很多时候真的没有太大的联系，不过，小时候有梦想的孩子和小时候没有梦想的孩子，长大以后成为不一样的人，倒是事实。有一句话叫："有志不在年高，无志空活百岁。"小时候要是连梦都不敢做，长大了，也不会有什么伟大的成就。帕格尼尼是意大利著名小提琴演奏家、作曲家，有着"小提琴上的魔鬼"的称号。爱因斯坦小时候就梦想成为像他那样的小提琴演奏家。于是非常努力练习，真的是把别的孩子四处玩耍、跟父母撒娇的时间，都用在练习小提琴上。但是，他实在是没有练琴的天赋，拉出的琴声很刺耳，邻居们纷纷找爱因斯坦的爸爸投诉。他爸爸一边给邻居赔着笑脸，一边请邻居包容爱因斯坦的琴声。后来，经不住爱因斯坦的软磨硬泡，爸爸给爱因斯坦找了一个德高望重的小提琴老师，可是老师听了他试奏的帕格尼尼的《狩猎》就摇起了头，显然爱因斯坦不是弹奏小提琴的料。不过没等老师说话，爱因斯坦的爸爸先开口了，爸爸悄悄对老师说："其实我们也知道这孩子拉琴没有多少天赋，但是他是真心喜欢，所以，我还是想恳请您教一下他，我不奢望他有一天能成为像帕格尼尼一样的小提琴演奏家，但是，我希望他快乐。这个孩子实在是太喜欢拉琴了。"听爸爸说得这样恳切，老师收下了爱因斯坦，并且带着他学了很久小提琴，只不过有些遗憾的是，爱因斯坦的进步非常小，拉了很久依旧是难听的"拉锯音"，但是爱因斯坦却很快乐，每天拉琴的时候，都快乐得像一只小鸟。

后来的故事大家都知道了，爱因斯坦成了著名的物理学家，没有成为帕格尼尼那样的小提琴家，甚至从来没在任何场所进行过表演。他只是做了一个成为小提琴家的梦而已，可是仅仅是做梦他不也很快乐吗？不也坚持很久了吗？不也成为一个功成名就的物理学家，载入人类史册了吗？小时候做什么梦，和未来没有多少关系，但是，小时候有没有梦，和未来的关系却很大。可以说，没有做过梦的童年是遗憾的童年。就算童年再锦衣玉食、玩具满屋，就算去过世界上每一个迪士尼，就算拥有小皇帝一般的生活，如果不曾有梦，不曾因为梦想而兴奋、激动甚至辗转反侧，这样的童年都是不够完整的。

而那些爱做梦的孩子，被梦想照亮的童年是美好的，同时也是幸福的。爱做梦，就是属于特定年纪的专利，好好地做梦，好好享受做梦的滋味，那些不可复制的欢欣，才是最好的童年。

所以，家长不要害怕孩子爱胡思乱想，爱做梦，要鼓励他，让梦想这个种子，从小在孩子的心里生根发芽。

每个男孩都想成为盖世英雄

你小时候有过当英雄的梦想吗？

我的小外甥最喜欢玩的玩具是变形金刚和奥特曼，最喜欢看的动画片是《虹猫蓝兔七侠传》，最喜欢的武打明星是吴京。每天做得最多的一件事，是拿着一根塑料"金箍棒"在房间里舞来舞去，听说邻居的一个小朋友学了跆拳道，更是和姐姐软磨硬泡要学，说自己要变成一个武林高手，打遍全世界，可以说是英雄情结十足。有一次我到他们家去，小家伙抓着我的手问我："舅舅，舅舅，你想不想看武术表演？"还没等到我回答，就亮开架势在客厅练了起来，练完之后，长喘一口气说："你知道我长大了想做什么吗？我要去当解放军，当警察！"

我奇怪地问他："你不是要当一个武林高手，打遍全世界吗？怎么要当警察了？"姐姐插话说，前两天带他看《战狼》，回来就吵嚷着当军人和警察，说他们是英雄，最帅。"姐姐说小外甥是个英雄发烧友，异想天开。

我摇着头对她说，千万不要这样评价孩子，每个男孩子都有一个想当英雄的梦。

我说的是实情，在每个男孩子的成长史中，都有一段想当英雄的历史，也都有一个想当英雄，拯救世界的梦想。小外甥是这样，我当年也是这样。我小时候，电视上经常播放港台的武打片和警匪片，我是这类影片的忠实粉丝。尤其是古代的功夫片，给我十元钱，我都不会走，影片中白衣翩翩的侠客，仙风道骨的长老都是我顶礼膜拜的偶像。那时候，谁要是问我长大想干什么，我会毫不犹豫，又豪气冲天地告诉他："我要做侠客，我要除暴安良！"而我做过一件最"英雄"的事情，就是在放学路上，几个小男孩欺负一个小女孩时，我毫不犹豫地冲了上去。虽然我冲上去之后，就被一个大点的孩子推倒了，但是我也把小女孩从他们手里"解救"了出来，让我颇为得意。

有一年我在一个作文培训班上课，在讲到以"梦想"为主题的作文时，女孩子的梦想都是歌星、医生、教师等这些安静、文雅的名词，男孩的作业本上却是满满的"成为一个英雄"的字样。可见，每个男孩子的心里，都有一个成为英雄的梦想。

可是有的家长却不允许孩子做这个梦。有一次我和当地的协会一行人去外地采风，就遇到这样一位家长。现在全国很多景区都有玻璃栈道，玻璃栈道逗趣好玩又惊险刺激，很多游客忍不住都想"勇敢走一回"，我们采风的行程中就有这样一处景点。和以往采风不同的是，这次采风活动更像是一次观光，可以家属随行，有一位同行者就带了自家的孩子。这个孩子十岁左右，调皮可爱，给我们的行程带来了不少欢乐。

可是这份欢乐，马上在玻璃栈道面前"终结"了。爱玩是孩子的天性，这个孩子又是男孩子，到了玻璃栈道跟前，就跃跃欲试想第一个把脚踩到栈

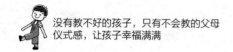

道上。谁知道，脚还没有踩上去，就被他爸爸抓了回来。这位爸爸虎着脸大声斥责着说："小子，你胆子够大的，连玻璃栈道都敢走，走几步，被吓哭了不敢走，回去做噩梦怎么办？"一连串的问话，把孩子抬起的小脚吓了回去，只是一会儿看看栈道，一会儿看看爸爸，眼睛里全是想玩的意思，怎奈爸爸脸上都是严肃的表情，让孩子不敢再行动，像小蜗牛一样缩到了爸爸的身后，让人觉得又可气又可惜。

经常听见有的家长抱怨孩子胆小，没有理想、没有勇气，其实很多时候，是家长把孩子这份勇气给吓跑了。很多孩子都认为孩子小，低估了孩子的勇气，其实，孩子有时候比我们想的还要勇敢。

在另一个景区的玻璃栈道上，我就遇到一个勇敢的小男子汉，这个孩子也是爸爸带着上栈道的，只有三岁多一点。两个人并排走上栈道的时候，爸爸也许是看着脚下面空荡荡的山谷害怕了，不仅不敢抬起腿来向前走，连抬起腿来往回退都不敢了，站在那里不敢动。孩子像小大人似地拉着爸爸的手往前走，还懂事地叮嘱："爸爸，你勇敢一点儿，掉不下去。"也许这位爸爸的胆子太小了，任凭儿子怎么说，也不敢动，最后竟然瘫坐在栈道上，不肯起来，然后，这个孩子就一点点，一点点拉着爸爸走下了栈道。到了终点，游客们都为这个小男子汉竖起了大拇指。

真的，有时候你真的想不到，孩子的勇气有多大。朋友给我讲了一个她们家小男孩的故事。朋友怕黑，晚上不敢出门，可是好巧不巧，有一天，她老公突然肠炎犯了，疼得受不了，家里还没有治疗的药了。虽然她不敢在晚上一个人出门，但是当务之急，也必须去了。可是她实在有点害怕，在门口磨磨蹭蹭地不敢出门，五岁的儿子看出她的"胆怯"，问她："妈妈，你穿鞋那样慢，是不是怕黑不敢出门啊？"被孩子一下子说中了心事，她说："是啊，妈妈特别怕黑，不敢去，你能不能陪妈妈去呢？"没想到，她刚说完，儿子已经穿好衣服从房间里走了出来，并拍着小胸脯告诉她，自己是一个小男子汉，什么都不害怕，可以保护妈妈。结果这一路上，儿子始终抓着她的手，还不时叮嘱她看车。到药店去的路上，有一段没有路灯，非常黑，儿子竟然走在前面，说是要帮她探路。她说自己一直把儿子当小孩子，从来没想过，儿子这样勇敢。她给我讲完这件事情问我："难道小男孩小时候就有挑战困难的基因？"我告诉她，不是，是男孩子幼小的心里，就有一个英雄梦，每个男孩子都幻想当英雄，并且都幻想自己就是英雄。

事实上真是这个样子的，每一个小男孩都怀揣着一个英雄梦。只是，有些大人不知道，为了孩子的安全考虑，禁止孩子做自己想做的事。这表面上是爱，其实是漠视了孩子的勇气，让孩子的勇敢失去了展示的机会。而很多家长嘲笑孩子的"英雄梦"是痴人说梦，其实，只要给孩子勇气的翅膀，英雄梦也有可能梦想成真的。

表哥的儿子岩岩读二年级，也有一个英雄梦。这年暑假，学校组织夏令营，听说可以在野外露营，就吵着要参加。表哥马上投了反对票，第一，他认为岩岩最怕热，几乎每个毛细孔都少不了空调，怕他受不了夏令营的温度；第二，他认为岩岩没有生活自理能力，平时连洗衣服、叠被子都不干，去夏令营恐怕要吃苦头；第三，岩岩的胆子小。胆子小，在家里说说英雄梦也就罢了，去外面宿营，不是自讨苦吃吗？说不定到时候坚持不下去了会吵着回来，到时候可不是丢人这样简单的了。

可是，岩岩却很坚持，拍着胸脯说自己已经是一个小男子汉了，保证一点儿问题也没有。还使出了孩子惯用的撒手锏——搬出了奶奶当援兵。碍于各方面的压力，表哥硬着头皮答应了他参加夏令营的要求。不过，表哥的心却一直悬着，不知道岩岩能不能应付得来。每天，只能通过夏令营老师发的

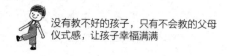
视频，侧面了解一下岩岩的情况。

没想到，极少单独出门的岩岩，表现得还挺不错的。岩岩把生活处理得有条不紊，不仅开始尝试洗衣服、叠被子，还鼓起勇气一个人睡帐篷，更自告奋勇地陪营友走夜路，不再像个怯弱的胆小鬼。看见儿子表现得这样优秀，表哥再也不"嘲笑"儿子的英雄梦了。

孩子的勇气，其实就在那里，甚至是与生俱来的标配，只是慢慢地，家长过分地呵护和宠溺，让孩子失去了展示勇气的机会。让孩子展示勇气，也是展示孩子成长的过程，而从弱到强，从跌跌撞撞到游刃有余，这是童年最美的画卷。

教育局要派人来某小学检查，校方准备安排一名低年级学生致欢迎辞。校长发布了公告，起初并没有孩子毛遂自荐。后来，一个叫嘉轩的孩子出现了，这个孩子对校长说："校长伯伯，我愿意试一试。"嘉轩很快就背会了欢迎辞，发起言来有条不紊，完全不像个一年级的小朋友。

当校长问他："别的小朋友都不报名，你怎么有胆量来报名？"嘉轩跟校长说："其实，我是个胆子小的孩子，也总怕自己做不好。可是，我的爸爸妈妈经常鼓励我，还说人的胆量都是无限大的，胆小只是对自己不了解。后来，我做事缺乏勇气时，我总会想到爸爸妈妈的话，我的胆子也就越来越大了。"

很多家长的口头禅是："宝贝，怕就跟爸爸妈妈说。"其实这无形中放大了许多事情的难度，也让孩子的心灵种下"害怕"的种子。其实，孩子是有无限潜能的，孩子的勇气也是无限大的，而这需要家长的呵护和开发。

贯穿于成长过程的仪式感，其实不光是在某一刻做某一件事，不漠视孩子最本真的勇气，让勇气闪闪发光也是。勇气是需要培养和挖掘的，家长的鼓励会让孩子的勇气滋长，而家长的打击又会让孩子的勇气泯灭。孩子的英雄梦是需要勇气加持的，你"毁"了孩子的勇气，孩子哪有机会实现他的英雄梦呢？

孩子想成为英雄，你就给他一个能成为英雄的舞台，这样，若干年后孩子回忆起来，每一个细节充盈的将是幸福、甜蜜的味道。

每个女孩都有一个公主梦

如果说，每个男孩的心中都有一个英雄梦的话，那么，每个女孩的心中，就一定有一个公主梦。我之所以这样笃定，除了因为我有一个女儿外，还因为我干过好几件错事。

第一件错事，就是带着我女儿买玩具。我非常喜欢小孩子，而且工作时间比较自由，所以，女儿一般归我带，可是我常常忘了女儿是个小孩子，更是个女孩子。带她出去买玩具，总是领着她看熊大、熊二、光头强，要不就是电动火车、汽车模型、飞机大炮，好几次我还坚持给她买了军棋和象棋。结果可想而知，不是女儿噘着小嘴耍脾气，说不是自己喜欢的，就是爱人数落我："你看看你给女儿买的是什么？拜托，你的女儿是个女孩子，是个小公主，你怎么能给她买这样的玩具呢？"

话说到这份上，我还真不知道自己犯的是什么错误，辩解着说："不都是玩具吗？什么玩具不能玩呢？都什么年代了，你还男孩子女孩子分得这样清！"可当我看到周围邻居、表姐、表妹们给女儿买的玩具，就知道自己错的有多离谱了，哪有女孩子喜欢飞机大炮，变形金刚、光头强的，她们喜欢的是芭比娃娃，是小萝莉、小公主。后来，我带女儿挑玩具，就不再在男童区逗留，而是直奔女童区。

说实话，或许在我看来，那些少女心的玩具不入眼，但是女儿却喜欢得不得了，总是这件也喜欢，那件也中意，恨不得把整个超市都搬回家。而女儿最喜欢的是芭比娃娃，每次逛玩具区都不会空手而归。久而久之，家里堆满了各式各样的芭比娃娃，简直可以开一个芭比娃娃专卖店。就算如此，女儿还一直叫嚷着："爸爸，我的芭比娃娃太少了，你下次再给我买一个。"一开始，我还觉得她的要求过分，后来才明白这是她的快乐之源。

第二件错事就是做其他事情的时候，也经常忘了她是女孩子。有一次我们几个同学带着孩子外出游玩，路上经过一座不太宽的锁链浮桥，同学的几个孩子都轻轻松松走过去了，我便鼓励女儿也走过去，谁知道女儿就像看见前方盘踞了一条恐怖的大蛇，不仅不走，还盘在我的身上让我抱着她。我觉得面子过不去，许诺牵着她的手过，可还是把她吓哭了。最后，随行的同学们开始"骂"我，说真不知道我是怎么当爸爸的，浮桥晃悠悠地，怎么能逼着女孩过，提醒我那几个跑过去的都是男孩子。

他们这样一说我才注意到真是这样，那几个孩子都是生龙活虎的男孩子，而且一个个都是天不怕地不怕的，过一个小浮桥简直是小菜一碟。我这个女儿，平时在游乐场坐一个旋转木马，都需要我牢牢地搂着她，过摇摆不定的浮桥可不是比杀了她还难受。想明白这一点，我自知理亏，抱着女儿走了过去。

老一辈的人总爱说，男孩要有男孩的样，女孩要有女孩的样。生了一个小公主，就不要想着把她变成女汉子。

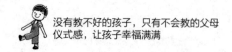
男孩子和女孩子，虽然都是孩子，但是大脑构造不同，发育不同，性别和喜好必然不同，这就像是自然规律般不可逆转，作为家长，就应该尊重孩子的性别，呵护孩子的本心和初心。

很多男孩都向往军营，希望有机会和兵哥哥亲密接触，一起听哨子、叠被子、上训练场摸摸抢打打靶。女孩子的心里，大都有一个公主梦。因为这个梦，她们喜欢听关于公主的故事，喜欢看公主王子的动画片，更喜欢公主的王冠裙子和芭比娃娃，而且年纪越小，公主梦越重。更希望家人把自己当成小公主，也把自己想成小公主。

我认识一个可爱的女孩洋洋，公主情结就非常重。每年，爸爸妈妈都要给她拍照片，她点名要拍公主装扮，并且只拍公主装扮，还让爸爸妈妈给自己买了一张大大的公主床，挂着粉色的罗缦，房间也刷成粉色，并且告诉家人，在家的时候，要叫她小公主。有一阵子，一家电视台重播了曾经火爆荧屏的《还珠格格》，她就像是找到了自己的精神偶像，嘴里总是不时冒出"给皇阿玛请安""皇阿玛吉祥"等台词，还给全家人重新分配了身份，爸爸是皇阿玛，妈妈是皇后娘娘，奶奶是太后老佛爷，她理所当然是那位还珠格格。而她的家人非常配合她，不仅认同她分配的身份，每年的礼物都送芭比娃娃和公主裙，照片更是依照她设想的样子，满足她一切关于公主的设想。

有一天，我去洋洋家做客，洋洋抱出几本厚厚的影集，打开给我介绍："这是我三岁时拍的，那是我第一次穿公主裙，路叔叔，我像不像个小公主？"接着，小洋又指着照片说，"这是我七岁时拍的，爸爸和我一起拍的，爸爸还说我像一个真正的公主。"洋洋翻出最后一本影集，这是一组穿汉服的照片，洋洋得意地说："这是我今年过生日拍的，妈妈说，穿汉服才是中国的真正的公主。"我暗暗笑，这个孩子，真的和我的女儿一样，公主狂。有一阵子，女儿就迷上了小公主，经常噘着小嘴问我，自己是不是我的小公主?

最头疼的就是上幼儿园梳头发这件事，无论是幼儿园搞活动，还是平常的上学日，总要求她妈妈给她梳漂亮的发型，还振振有词："电视里的公主的头发不都是漂漂亮亮的吗，你们见过哪个公主梳马尾辫?"当时正赶上国外有一个皇家公主获得了运动项目的奖牌，我便把人家梳着马尾辫获奖的照片给她看，并告诉她，这就是现在的公主的样子，已经是现代社会了，公主也就要和大多数人一样了。

确认了这个图片是"真公主"之后，她总算放过了她的头发，不过，公主梦和公主情结却一点都没少。可是，这真的没有办法，现在网络上最流行的一句话是，想被人宠成公主。对于爱做梦的女孩子，又是最适合做梦的年龄来说，把自己当成小公主，就当一次小公主吧，人生有几年，能把自己当成公主呢?而有一段"公主"的经历，不也是最美好的童年画卷吗?

在教育孩子这件事情，经常听到人说，不要轻易打断孩子的梦想。其实，通过女儿和洋洋的故事，我更想说，也不要轻易掐断孩子的公主梦。尊重孩子的意愿，理解孩子的选择，配合孩子的人生，才能让孩子在时光里留下美好的记忆。而那些被尊重的感觉，那些幸福快乐的片段，便会充盈孩子的记忆，让童年变得格外不同。

其实，孩子最初对玩具的选择，喜欢芭比娃娃，想成为漂亮的小公主，是再正常不过的事情。

我认识一个小女孩，任性得几乎有些偏执了，据她的妈妈说，孩子认为裙子是最好看的衣服，每天上幼儿园都必须穿裙子才出门。有一阵，她们所在的城市阴雨，天气凉飕飕的，妈妈建议孩子穿长裤上学，可是孩子非常不开心，噘着嘴嚷嚷着，要是不穿裙子的话就不上幼儿园了。妈妈没有办法，

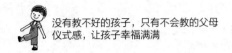
只好给她的裙子里面穿了一条厚厚的绒裤。

爱美是人的天性，而对于小女孩来说，漂亮、优雅的小公主形象，简直是最完美的化身，汇集了世间所有的优点，她们想当公主，甚至想成为公主，真的是一件再正常不过的事情了，家长也完全不用担心，有了公主梦，会变得娇气。孩子最终长成什么样子，还是与接受的教育和教养方式有关，有公主梦的女孩子不一定成为一个娇滴滴的公主，更不会成为一个弱不禁风的公主，只要引导得当的话，会是一个快乐的孩子。

最好的爸妈是什么样子呢？是在孩子做梦的年龄，帮助孩子把梦实现一次，哪怕是假的，就当陪孩子玩一次过家家。就像洋洋的爸爸妈妈一样，这样才能在孩子的成长记忆里，留下唯美的印记。一个作家在自己回忆录里曾说，我最感谢我爸爸妈妈的就是他们在我做梦的年龄里为了圆我过家家的梦。原来，作家小时候最喜欢玩的游戏就是过家家，爸爸当然知道她这个喜好，每次外出都给她买娃娃，买过家家的小道具，让她玩个够。她说，爸爸甚至在她十岁的时候，还会给她往家里买布娃娃。都说她们这代人小时候苦，可是无论什么时候，她回忆起那段岁月，都是爸爸的炽热的宠爱和温暖的微笑。

每个孩子都有一个心头好

　　张莉是我爱人的闺蜜，我们经常受邀去她家做客。说实话，张莉家的房子挺大的，一家三口住着一百六十多平的面积，家里有五个很大的独立的房间。我注意到有个房间墙壁是粉红色的，里面有很多小女孩的玩具，最多的就是毛茸茸的布娃娃，不用说，这间是她女儿的房间。

　　张莉的女儿雅雯十岁了，一幅乖巧可爱的模样，见到我们也会"叔叔阿姨"的喊。不过，喊完她就钻进了那个有着粉红色墙壁的房间，跟那些布娃娃在一起。常常我们聊个三五个小时，雅雯就能玩上三五个小时，完全不累也不腻。

　　这天，我们在客厅聊天，突然传来雅雯和她爸爸的争吵声。原来，雅雯爸爸要清理房间，挑出了很多陈旧的布娃娃，打算送去楼下的垃圾站。可是雅雯却护着旧娃娃不撒手，还哭着说："这些都是我最爱的布娃娃，你为什么非要扔掉它们？"我们听见雅雯爸爸在一旁"好言相劝"："这些娃娃

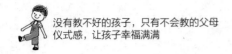

都旧了，你看毛毛都掉了，不好看了，扔了之后，爸爸再给你买新的。"可是爸爸这样的"轻声慢语"也没能哄得了雅雯，我们听见她大喊："一个都不许扔，一个都不许扔，一个都不许扔……"声音越来越大，"反抗"的决心也越来越坚决。张莉无可奈何地说："布娃娃是雅雯的心头好，每年清理都不是件容易的事。扔哪一个都不让，好像哪个都是她的心头好。"爱人听了，打趣地说："你们家又不是住房紧张，塞不下雅雯各种各样的布娃娃，何必非要把这些布娃娃都送去垃圾站？再说了，明明知道布娃娃是雅雯的心头好，还坚持当废品处理，你们有点太武断了啊。"

我也忍不住说："就像有人喜欢收藏字画，有人喜欢收藏古玩，雅雯收藏布娃娃无可厚非，而且那些收藏布娃娃的过程，实际上也记载着孩子的童年。"雅雯不知道怎么在房间里听见了我们的话，一下子从房间里跑出来，气鼓鼓地说："叔叔阿姨说的对，你们知道这些娃娃对我重要，为什么还要扔掉！那我也在这里很长时间了，你们是不是也会把我扔掉啊？"看着女儿一本正经的小模样，张莉夫妻俩都笑了，向她保证，如果她真的这么在意这些娃娃的话，就再也不扔了。我当即在心里对他们两人竖起了大拇指，在孩子成长这件事上，他们真算是开通的父母。试想一下，雅雯这样喜欢娃娃，一定是对娃娃倾注了很多情感，那么一旦强行把那些布娃娃处理了，孩子会多伤心，日后孩子追忆过去的时光，回忆起这段伤心的往事，也会分外难过的，在孩子成长的过程中，能让孩子开心，就别让她难过。断舍离，对于小孩子来说太遥远，也太深奥，他们只会觉得把心爱的东西扔掉了，是对他们的一种伤害。在孩子的心里，所有的事物都有生命。

同事的女儿泉泉是个害羞的女孩，也可以说她是个感情丰富的女孩。从幼儿园开始，泉泉就变成了一个收藏迷，小伙伴送给她的贴纸、老师奖给她的小红花，还有妈妈每天用拼音加汉字留下的便签，她统统都舍不得丢。

起初，同事和他爱人也不支持泉泉收藏这些，打趣地说这些都是没有任何用处的东西，而且也没有什么收藏的价值，就是攒上一百年也不见得升值。可是，他们并没有制止，还经常给孩子买这类物品，满足孩子小小的好奇心和"占有欲"。在学前班的时候，有一阵泉泉"收藏"的贴纸是班上小朋友最多的。后来，泉泉上了小学，同事和他爱人经常带她观看音乐会或舞台剧，还带她去短途或长途旅行，小家伙又迷上了收集门票、车票，二人也是大力支持。只是同事的爱人会偶尔感叹："这都是七零后、八零后的爱好，想不到一零后的泉泉也喜欢。"

泉泉也喜欢阅读课外书，经常会去书店采购一些，很多书看了又看，破了旧了甚至缺页了，小家伙依旧不愿意扔掉。泉泉的书越来越多，以前的大书柜不够用，同事重新找人在客厅打了一排大书柜。

有一次，同事对我说，只要是孩子喜欢的，我就大力支持，只要是孩子要保留的就全部保留，说我是惯孩子，其实不是这样，这里面都是孩子的心爱之物，对孩子来说一定非常重要，里面都藏着她的成长足迹呢，我只是换了一种方式在爱孩子。他说的话我当然理解。有了女儿之后，孩子喜欢的东西，我也尽量帮她保留着，现在我的女儿已经上小学了，我们家的柜子里，还有女儿小时候玩的画画棒和布娃娃。别说孩子以后看到这些能想起自己的童年，就是我想念孩子的时候，看到这些物件，一样能回忆起当年那个扎着冲天辫的小丫头。或许家长无法理解孩子的心头好，但是一定要尊重并支持孩子的决定。那些收藏着的布娃娃、便签或旧书，其实也包含着孩子快乐的记忆，记忆就像是人生的里程碑，让孩子走多远都不会和昨天走散。

代沟的存在，其实常常不是年龄的缘故，更多的是家长不懂尊重孩子，不愿意尝试了解孩子的世界。像我们每一个人都有自己的兴趣爱好一样，每一个孩子都有自己的心头好，可是现实生活中的很多家长，却总是喜欢和孩

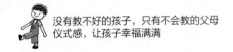
子的心头好过不去。几年前听到这样一个故事：一个妈妈因为自己的女儿睡觉的时候，总是喜欢抱着一只玩具兔，趁孩子上学不在家的时候，把玩具兔扔进了垃圾箱。谁知道孩子睡觉的时候没有找到兔子，竟然吵着要离家出走。

现在想起了这个故事，我都有些弄不明白那个妈妈是怎么想的，一个玩具兔就能对女儿的人生成长造成很大的威胁和伤害吗？为什么要残忍地扔出去？日后孩子回想起来，不是要伤心和难过吗？

每个孩子都有自己的心头好，每个孩子都有自己的小秘密，每个孩子都有自己的喜怒哀乐，这些都是孩子成长的必需品，是孩子的心灵滋养。作为最爱孩子的人，我们有权利和责任，像呵护我们的宝贝一样，呵护孩子的这些小情感，小爱好，善待孩子的童年，有一天孩子回想起来，才会觉得幸福和温暖。

而且，我总觉得，孩子的心头好，就是孩子的另一个自己和精神世界。我妹妹小时候，最喜欢做的事情就是摆弄盒子，一个十足的盒子控。有一年春节，亲戚送了我们两盒包装精美的糖果。我的那盒吃完之后，盒子就不知道被扔到哪里去了，妹妹却把自己的那个盒子当成宝贝似地放了起来，里面还用小卡片隔成一个个小格子，每一个小格子都物尽其用地放了许多她的宝贝。每天晚上吃完饭，写好作业之后，妹妹就坐在桌子前摆弄她的这个"家"。后来妹妹开始疯狂地收拾盒子，家里的包装盒，礼品盒都被她收在自己的房间里面，好看的做成收纳盒，一般的剪开做手工。我经常听到她对着她的小盒子自言自语："你说，我给你做成什么好呢？我给你做成一个小房子吧？"

以前妹妹是很黏我的，但是自从妹妹找到了"盒子"这一个好朋友之后，彻底把我给忘了，好几次我叫她陪我玩一会儿，都被她粗暴地赶回来。

更有意思的是，每天上学前，她都要和自己的这些盒子做一个告别，好像它们都是有灵魂的小朋友，在家里等着和她一起玩儿一样。

现在我有了女儿，我也发现女儿也有自己的心头好。她有一个粉红色的发卡，非常喜欢，到哪里都喜欢戴着。后来因为戴的时间长，颜色有些淡化了，都舍不得扔，放在自己的小抽屉里，隔三岔五就要拿出来摆弄一会儿，好像发卡已经不是单纯的一只发卡，而是陪她一起长大的好伙伴。

其实，妹妹和女儿的情况非常好理解，在孩子的世界里，一切都是单纯和美好的，一切都是有生命的，一切都是需要被珍视的。而我们，作为家长，作为孩子到这个世界来，认识的第一位"大朋友"，是不是也要尊重孩子这份单纯和美好呢？

童年的记忆，是人生的里程碑

在知乎上看到一个问题：在你的生命中，人生的哪一段经历，让你印象深刻？如果这个问题问你，你会怎么回答呢？有很多成功人士给出了这样的答案：他们说，童年的经历是他们永远忘不掉的财富，那段日子，虽然不一定富裕，不一定富足，但却是人生最美好的回忆。

我至今记得我小时候的一件事。那年，爸爸妈妈在火车站上班，夏天，车站组织员工旅游，声明可以带着家属。我和弟弟三四岁，被爸爸妈妈带了去。那时候上火车还不太讲秩序，火车一停，几乎所有人都挤在车门口，我和弟弟小，被爸爸妈妈扛在肩膀上。后来他们看实在挤不上车，就把我们从窗子递进去，嘱咐先上去的同事帮忙照看，他们再从车门上车。上车后车厢好黑，我们是第一次坐火车，看着窗外景物一点点后退，觉得非常有意思。后来，到了目的地，我们先去了动物园，又照了很多相片，真的十分有意思。多年之后，我晚上做梦还会梦见这次出行，梦见的都是玩时候的欢乐场面。想到就会觉得很幸福。因为我们那个年代，能外出旅行，真的是一件很拉风的事情呢！

有了这样美妙的经历，我就想到等自己有孩子的时候，一定也要给孩子一个美好的，有意义的，充满欢乐回忆的童年。我觉得，作为把孩子带到这个世界的人，我们是有责任和义务这样做的。因为，童年太重要了。

其实，有我这样想法的人有很多，我以前的小区邻居赵蕊就是这样，因为我有一个女儿，她还没生宝宝的时候，就经常过来向我和妻子讨教孩子养育的话题，并且说一定要尽自己最大的努力，给孩子一个日后回忆起来很美好的童年。

她这样说的，也是这样做的。她的孩子是九月份出生的，转年硕果飘香的九月，孩子一周岁时，她们全家开车带着孩子到草原来了一个自驾游。这当然只是开始，她们夫妻俩的老家都是乡下，两个人享受过乡下孩子那种释放天性的，无忧无虑的童年，一致认为把孩子关在钢筋水泥的房子里，被层层保护的童年，不应该被称作童年。于是，在不远处的郊外，从农民的手里买了一处平房。她的丈夫是平面设计师，她是室内设计师，两个人根据个人所长，重新设计装修了房屋，让他们的家有花园，有书房，有游泳池。之后的假期，带着孩子住了进来，夏天带着孩子种花、种菜，冬天带着孩子堆雪人、打雪仗。游泳池冬天的时候，冻上厚厚一层冰，又成了一个小型滑冰场，他们两个人带着孩子练习滑冰。

相对于城市里面的孩子，她孩子的童年简直完美得像一幅画。我想，多年以后她的孩子长大了，回忆起童年来，一定不是补课班、电脑游戏和手机，而是妈妈陪她捉蜻蜓，爸爸带她滑冰，到野外探险。每一个片段，都是一段美好的回忆，都是一笔无法取代的，珍贵无比的财富。

当然像我这个邻居一样，买房子给孩子营造一个美好的童年有些奢侈。

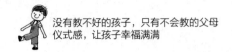
那么，是不是就表示我们这些追梦的，为生活所奔波的人，就不能为孩子提供一个美妙的童年了吗？当然不是。陪伴是最长情的告白，很多时候，你的陪伴，就是给孩子童年最好的礼物，是孩子日后的美好回忆。在这一点上，我认识的一个妈妈做得就最好。在孩子很小的时候，就准备了很多心形的卡片，把孩子每天说的童言妙语，发生的好玩有趣的事都记下来，陪孩子玩自然是必不可少的项目了。她们家的不远处就有一个广场，每天，她都会带着孩子到那里去散步。小城市没有多少人会带着孩子放风筝的，可是，她不仅每年春天都会带着孩子放风筝，还会买来材料，带着孩子做风筝。孩子在作文里写："我最高兴的事就是妈妈和爸爸带着我做风筝。每年春天，爸爸妈妈都会早早把做风筝的材料准备好，等到我们都有空的时候大家一起做风筝。我年龄小，一般的工作做不了，但是可以告诉他们要什么样的风筝，还可以帮他们递工具，之后，看他们做出一个漂亮的大风筝来……"

看了她做的事，我总觉得，这个妈妈把孩子的童年"经营"得很有仪式感。她为孩子的童年和成长，还做了另一件非常有仪式感的事情：每年春天，都会带着孩子种一棵小树，树上挂上一张卡片，写着孩子的身高和体重。第二年重新栽树的时候，还会和上一年的记录做一个对比。如今她的孩子十岁，她已经为孩子种了十棵成长树了，我在上面看到了她孩子的身高、体重等资料，好像看见了她为孩子的成长操的心，做的努力。可以说，我见过了很多爸爸妈妈，但是像这样用心的家长很少见，他们想到了孩子成长的每一个细节，把每一个细节都完善，让孩子的童年没有遗憾。无疑，这个孩子的童年是丰盈的。

我们不能给孩子一个奢侈的童年，但是这样一个满是陪伴，满是爱的童年，是可以给孩子的。童年，是孩子的一个里程碑。纵观社会上那些功成名就的人，大多数都有一个幸福的童年。你给孩子一个幸福的童年，不一定能给孩子一个幸福的人生，你给孩子一个不幸的童年，一定会给孩子一个不完美的人生。为了孩子日后的幸福，为了孩子一生的稳妥，我们真的应该给孩子一个温暖的，而又充满爱的童年。

那么，你还等什么呢?

第二章

那些特殊的体验，
总能给孩子与众不同的幸福感

很多事，看上去平平常常，甚至不足挂齿，但是具体到某一个孩子身上，却会是独一无二的体验。我们给孩子最好的爱就是陪伴，陪伴孩子去做一些有意义、有趣、有益身心的事，让成长的那些年被美好的记忆填满，让成长没有任何的缺失和遗憾。经历那一段美好的成长历程之后，你和孩子都可以对自己说："人生需要仪式感，我们做到了。"

常回乡看看，让孩子知道自己来自哪里

　　很多外出的人都会有这样的感慨：离开家乡久了，我最亲爱的故乡变成遥不可及的远方，远方开始慢慢变成我的故乡。而对于孩子来说，因为种种原因，可能很早就告别了故乡，有些还留存着故乡的点滴记忆，慢慢拼凑着故乡的画面，有些已经不太记得故乡的样子，甚至模糊得只剩下一个地名。更多的是，和孩子提到故乡的时候，孩子会拼命地摇着头说自己的家在这里，这里才是自己的家乡。这个时候，只有经常带孩子回乡去看看，才能让孩子知道自己还有一个故乡。

　　有一年临近国庆，我们几个同窗约着聚一下，聚会的地点提了好多，但都不中意，后来一个人说，我们的孩子都是在城市里出生，平时很少回老家，即使去了也像是做客，他们根本就不知道还有一个故乡！我们就带上孩子回老家聚一聚吧，不然这些孩子都快忘记自己的"祖宗"了。他的话马上得到大家的认可，可不是，我们离开了那个小村子后，都在外面工作生活，

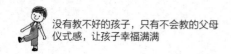
娶妻生子，很少回到故乡了，孩子对老家的事情更是知之甚少，是应该带他们回去了解一下了。这样想着，大家马上统一了意见，聚会定在故乡的湿地公园，大人们聚在一起谈天说地，孩子们聚在一起摸鱼捉虾玩游戏。

我们大多在省城武汉，离家乡的湿地公园也就一百多公里的路程，开车最多也就两个小时的车程。唯独阿槐在千里之外的南方，不要说每年国庆不能回家，有时候春节赶不回来，一家人在南方过年。这一次，阿槐却坚持要回来，参加这样一个临时组织的聚会。阿槐说："我儿子小廷三岁就离开了老家，现在已经九岁上四年级了，六年才回过两次家。小廷现在说粤语、喝凉茶、不吃辣，都快变成地地道道的广东人了。我参加这次聚会，不光是想和大家聚聚，让小朋友一起聚聚，更希望小廷回老家看看，看看爸爸成长的地方，看看他出生的地方。"

聚会如期举行，阿槐也应约回到了故乡，我们支起烧烤架烤肉串、烤鱼、烤蔬菜。在远处的小家伙们玩累了，也闻着香味过来。我们喝着可乐吃着烧烤，小伙伴边吃边闹还唱着歌。聚会转眼就结束了，我们都说要赶紧回去，有一大堆的事情等着呢，可是阿槐却说自己回来一次太不容易了，要多留两日。

阿槐带着儿子留了下来，从他发的朋友圈可以看出，这两日阿槐没有白留，他几乎是带着儿子来了一个深度的故乡游。后来阿槐说，这期间他做的最有意义的一件事，是带着小廷去了乡下的老宅，拍了好多的照片。老宅已经年久失修，雨天漏雨，起风漏风，太阳天有阳光晒进来，还有几个瘦弱的老鼠爬来爬去。那天刚好是晴天，也算是天公作美，就是老宅已经破败得不像样子，不过原貌还有迹可循，墙壁上有很久以前的挂历画，柜子里有获奖证书，还有一些破旧的藏书。他的儿子早已经不记得老宅了，他只是在刚出生时和爷爷奶奶到这里小住过，转眼都是八年前的事情了，但是他看着眼前的一切，没有丝毫嫌弃的表现，让阿槐很欣慰。

后来，阿槐还带着小廷去田间地头转了转。村口有一棵几十年的大槐树，阿槐指着大槐树告诉小廷，自己的名字就是因为它取的，这是村子里唯一的一棵槐树，也是唯一一棵生长了很久的树，爷爷便给自己起了这个名字，希望自己平平安安，顺顺利利，长命百岁。当时阿槐回来的时候，正是棉花丰收的季节，留守的村民都在采摘棉花，有上百人，小廷从来没有看见这样多的人一起干活，马上被黏住了脚步，他更没看见过大朵大朵比白云还要白的棉花，高兴地告诉阿槐，棉花真是太漂亮了。看儿子兴致这样高，阿槐趁机指着村民黝黑的脊背告诉小廷，农民伯伯工作非常辛苦，要忍受风吹日晒，还要忍受暴雨，虫害等天灾，所以我们要珍惜我们拥有的一切，不能造成一点浪费。

阿槐还让小廷写日记，并把日记晒在了朋友圈里，日记里记录着小廷回到老家的点点滴滴，笔法虽然稚嫩，但是对故乡的了解，喜爱和热爱却在这稚嫩的笔下一一呈现了出来。看得我们都有些后悔，应该也多留两日，让孩子好好了解一下故乡，这该是多么有意义的一堂教育课啊。"回来"不是"来过"，老家也是家，不管有多远，总有一天要再回来。无疑，阿槐的回家之旅是值得的，他不仅自己回了一次故乡，也让小廷体验了回家的滋味，那是一种身临其境才能体会的幸福。

可能有人说，故乡都是在农村，各方面条件都不行，我们是好不容易从那个地方出来的，还回去干什么？故乡早已经不是我们记忆中的故乡了，回去真的没有太多的意义。这样想就错了，对于一个人来说，最深的思念就是故乡，带孩子回乡，能够让孩子知道自己的根在哪里。都说追根溯源，让孩子知道自己从哪里来，自己的根在哪里，本身就是满满的仪式感。

我的家乡是一个小村子，可以说除了十里八乡，没有人知道这个村庄的

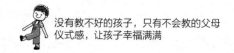

名字，小时候我努力学习，就是为了离开这个地方。可是我通过努力离开了这里，多年以后却分外地想念这里，尤其是有了宝贝女儿之后，这种感觉更加强烈。我非常想带着女儿回家去看看，让她看看我常玩的那座小桥，常翻的那堵矮墙，和她捉一下蛐蛐，见一见故乡的长辈。于是女儿大一点儿的时候，我就迫不及待地带她回了故乡。

我原以为女儿是城市里长大的孩子，对故乡不会有太多感情，可是事情却出乎意料，女儿惊讶地问我："爸爸，你就是在这里长大的吗？我好喜欢这里。"惊讶过后，不仅让我带她去我小时候上学的学校，还让我带她爬我在故事中讲了很多次的小山，还吩咐我给她拍照，说回去的时候一定要给小朋友看看，这就是她的老家。离开前的一个晚上，恋恋不舍地问我："爸爸，您能还带我回来玩吗？"

我告诉她当然可以。虽然她回来更多的是为了玩，但是对于孩子来说，玩也能成为一种眷恋，玩，是故乡留给她的最直观和最真切的体验。

有一次女儿的班级进行口头作文练习，练习的主题是：我可爱的家乡。都是一群城市长大的孩子，说到家乡，除了动物园、游乐场、商场，再也说不出什么来了，女儿却津津有味地把回老家的故事大讲特讲了一番，不仅同学们听得兴奋不已，连老师都对她竖起了大拇指，说她讲得情真意切，生动自然，有生活。

回不去的地方是故乡。不仅仅拼搏在外的成年人需要故乡，需要这一份乡愁，孩子也一样需要故乡的滋养，需要故乡来告诉他，自己的父辈是从什么地方走出来的，告诉他，自己是从哪里来的。带孩子看一眼老宅，在田间地头，在熟悉的地方走一走，孩子也会明白乡情的可贵和物产的不易。亲不亲家乡人，美不美家乡水，让孩子明白家乡和自己的联系，那是永远割不断的情谊。

让孩子做一回花童，是关于爱的最好启蒙

虽然我们中国人传统上就含蓄内敛，很少在孩子们面前谈论爱情。但是，爱情依旧是世上最美的情感和最幸福的注解，无论谁一出生就将奔赴一个旅程——遇到一个相爱的人，和对方一起度过余生。给孩子最好的样子，就是爸爸爱妈妈的样子，给孩子最好的爱情启蒙，就是让他参加一场婚礼，做一次花童。

这是发生在女儿身上的一个小故事让我产生的感悟。

有一年夏天，一个亲戚家举办婚礼，看我的女儿长得甜美可爱，自然就成了花童的人选。为了让女儿第一次做花童经历在她的生命里留下美好的回忆，参加婚礼前，我和妻子特意带她买了一身漂亮的公主裙和一个漂亮的王冠。婚礼那天，女儿跟在新人身旁，像一个漂亮的小天使。

婚礼上都有一个新人相对行礼的环节。女儿作为花童，站在新人旁边，得以近距离目睹这个幸福的时刻。她从来没见过这样庄重的场面，小脸显得

兴奋极了。新人行一次礼，她就开心地拍一下手，行一次礼，就拍一下手。回家的时候，兴奋劲儿还没有过，嚷着问我和妻子新人刚才是在干什么。虽然她年纪还小，但是妻子还是告诉她，因为叔叔爱着阿姨，阿姨也爱着叔叔，两个人就互相行礼，之后两个人就相亲相爱地在一起成为一家人了。小家伙的脑子转得非常快，听妻子说完，指着我和妻子说："就像你和爸爸一样吗？爸爸爱着妈妈，妈妈爱着爸爸，你们是一家人？"我点点头，同时把她搂进我们怀里，说："我和妈妈先是相爱的两个人，之后有了你，我们就成了相爱的一家人。"

女儿听得似懂非懂，不过却很受用，高兴地在我们怀里手舞足蹈，好像在向我们宣告，和我们在一起好幸福。

更有意思的是，有一次，一个朋友带孩子到家里来做客，两个小朋友不知为什么说到了"结婚"这件事情，女儿突然说，结婚就是两个相爱的人在一起生活，就像爸爸和妈妈一样。说完还跑到我们的卧室，拿出妈妈的丝巾蒙在头上扮作新娘子，牵着另一个小朋友演示。

看着女儿快乐的样子，我突然从心里感激起亲戚来，如果不让女儿做花童，不让女儿见识新人庄重的仪式，不让女儿参与这一场写满了爱的婚礼，女儿小小的年纪，又怎么能理解什么叫爸爸爱妈妈，怎么能对婚姻做出解读。让孩子做花童，真是对孩子的一次爱的启蒙，而且是最好的爱的启蒙。

从那以后，有婚礼的场合，我都会带着女儿参加，关系较好的人家，就推荐女儿做花童。对于孩子来说，无论哪种成长都是锻炼，何乐而不为呢？

其实不仅我女儿，所有的小孩子都对婚礼感兴趣。邻居坤哥就曾经对我说过，她女儿居然问他什么是"结婚"。事情是这样的，一次，他女儿在家里翻箱倒柜时，发现了他和老婆结婚时的照片。小家伙一边夸照片拍得好，一边不服气地质问："你们去拍美美的照片，怎么不带上我？"他又好气又好笑地和女儿耐心解释："这是爸爸和妈妈的结婚照，那个时候你还没来到这个世界呢。"结果，这句话把话题引了出来，女儿问他，结婚是什么？结婚到底是怎样的感觉？坤哥说他真不知道该怎么回答，这个问题怎么和孩子解释呢？

我笑着说："有什么不能解释呢？要是觉得没有办法解释清楚的话，那你就带她去体验一次婚礼吧，比如给婚礼做一次小花童，牵着新娘的裙角，参与整个婚礼的过程。到时候，不用你解释，她就知道什么是结婚了。

坤哥将信将疑，不过还真把我的建议放在心里了，没过多久就让紫萱做了一次花童。

那是邻居叶子的婚礼，叶子要嫁到另一座城市，虽然离武汉不是特别远，但是以后回家的次数恐怕也不多。武汉的婚礼是第一场婚礼，叶子的亲友自然是全部出动，男方是个大家族，也来了不少的亲友。婚礼安排了几个花童，坤哥的女儿紫萱就是其中的一个。婚礼不仅给花童准备了华丽的小礼服和漂亮的小皮鞋，还给花童们扮上了精心的妆容。

紫萱化完妆，小家伙也明显发现了自己的不一样，走路的时候，学着电视里模特的样子，昂着头，步步生风，像一个超有范儿的小模特，还摆起了造型。看到新郎跪在地上给新娘戴戒指时，悄悄趴在爸爸的耳边说，她知道什么是结婚了，结婚就是漂亮姐姐和漂亮哥哥在一起戴戒指，喝喜酒。

这是紫萱第一次做花童，也是第一次全程参与婚礼。虽然她对婚姻的解读并不完全正确，但至少她知道，结婚就是漂亮姐姐和帅气哥哥要在一起生活了。

婚姻是神圣的，一场婚礼是年轻男女最美的仪式感。对于孩子来说，或许暂时没有办法懂得婚礼意味着什么？但是，孩子有机会做一次花童，感受整个婚礼的过程，也是一次不错的体验。

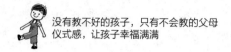
　　这让我想起自己的小时候，那时的小镇还很热闹，这家娶媳妇，那家嫁闺女，我都会跟着迎亲娶亲的队伍去看热闹。婚礼的流程千篇一律，但是每一家都热闹非凡，主婚人、证婚人、家属代表轮番发言，新郎新娘讲述恋爱的经过，身为围观群众的我也觉得十分有趣。

　　其实，让孩子参与到婚礼之中，不光是看个热闹、吃几颗喜糖的事情。通过婚礼，也能让孩子感受婚姻的重要性，他们都是因为爱而走到一起的有情人。

　　如果婚礼是大人最甜蜜的仪式，那么参加婚礼做花童，便是给孩子一个最好的幸福和爱的启蒙。

孩子吃点苦，受点挫，是童年最美的烙印

提到让孩子吃点苦，很多家长都会拼命地摇头，我们辛辛苦苦打拼不就是为了让孩子不吃苦，少吃苦吗？为什么要让孩子吃苦，受挫呢？

是的，我们是想孩子更加幸福和快乐，但是孩子不经历风雨，不遭遇挫折，永远只是温室里的花儿，是经不住打击和变故的，只有被挫折洗练过，才能变得坚强和勇敢，才能像小鹰一样傲视风雨。经历挫折是人生的必修课，尤其是在童年时，让孩子吃点苦头，会为孩子以后的成长助力。

这也是节目《变形记》获得高收视率的原因，那些条件优渥的城市家长，都在想办法让孩子到农村去吃一点苦头，锻炼一下。因为他们的一切来得太轻松，根本就不知道珍惜，耳提面命起不到一点作用，只有让他们亲身经历一次，才能深刻体悟到。印象最深刻的是一个来自长沙的小男孩，他爸爸是一家上市公司的老板，每日给他的零花钱都是数以千计，从来没为钱操过心，而在农村生活的时候，他寄养在一家有个身患重病的奶奶家，因为没

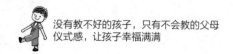
钱而无法治疗，他想帮助奶奶，便偷偷跑到镇上餐馆打工。

在幸福的生活中体验苦楚，不仅是对另一种生活的观摩和了解，更是直面挫折的勇气和担当。让孩子过过苦日子，孩子更能明白幸福生活的来之不易，也会懂得美好的明天需要自己去创造，于是会珍惜当下的点点滴滴、分分秒秒。

当孩子体验到苦，也会增添学习和生活的勇气，当挫折真正来临的时候，有挫折教育加持的孩子，便会不慌不忙、不畏不惧。挫折教育或许有汗、有泪、有伤痕，但是经历过，就是最美的烙印，永远在岁月里发光。

女儿刚上一年级的时候，可能是幼儿园底子打得好，成绩一直都名列前茅。一连好几次，女儿的单元测验都拿了一百分，考了第一名。时间久了，女儿开始觉得一年级的功课太简单，她甚至提出要直接跳到二年级。因此，做功课或考试时就马虎多了，总有这样那样的错误。

我们说了几次，她有时候听，有时候不听，一时也没有好办法。后来，我和爱人一合计，打算让女儿受点小挫折，不再每天对她唠叨，作业上的错误改过也就不再多说什么。女儿也乐得清静，每天草草做完功课，就去看动画片或玩玩具了，还发誓期中考试一定能拿回一张奖状。

很快，期中考试就来了，和我们料想的一样，粗心的女儿考砸了，她不仅没有拿到奖状，还没有"及格"，这次考试，老师定了"九十分以下算不及格"的新规则，结果她就在"不及格"的行列了。老师倒是没有过多地批评她，因为孩子的年龄小，考试成绩不稳定是很正常的一件事情，但是她却沮丧得不行。回家后，自己在房间哭了很久，还吵嚷着说没有考第一，一定是老师批改错了。我们没有马上批评她，而是等她哭累了，拿着试卷和她分析。我告诉她："不是老师批改错了，而是你最近这段时间没认真学习，再加上粗心马虎。爸爸知道你没考好心里难受，但是你不应该把责任推到别人身上，而且世上根本就没有常胜将军，这次考好，不等于下次一定能考好，这次考不好，更不等于下次就考不好，只要你努力，下次一定会考出好成绩的。"

听了我的话，女儿才停止哭泣。可能是考砸了一次，也可能是痛痛快快地哭了一场，也可能是我的话起了作用，以后偶尔有考的不理想的时候，女儿不再哭闹、耍赖，而是告诉我，下次一定要认真做题。

在孩子成长的过程中，吃点苦，受点挫折，一点问题也没有，而且，在孩子的成长过程中，真的需要为他们营造些挫折。

现在有很多家长舍不得孩子吃一点苦，受一点委屈，其实表面上看是在为孩子好，是爱孩子。可是深层次分析，会有很大的问题，一个人的性格都是小时候形成的，小时候吃苦，那么，长大了，在学习、工作甚至生活中，对他来说都将是一项艰苦的事情，他会什么也不愿意去做，遇到一点困难和挫折就退缩，成为生活中的弱者和逃兵。

给孩子挫折教育，就是给孩子一次历练和洗礼，让他能够更好地迎接生活的风雨。

没有几个人的人生是一帆风顺的，几乎每个人都要面临这样或那样的挫折。对于孩子来说，挫折是成长过程中的一道坎，更是一种体验，是家长进行挫折教育的机会。而且孩子天生就有抵抗挫折的能力。

外甥女四五岁的时候，带着她到广场玩。开始的时候，她不敢走远，只在我旁边玩，后来看见没有什么危险，便跑到了稍远一点的地方，按她的感觉来说，一定是认为跑出了我的"势力范围"。离开了我的"监管"，外甥女像一匹脱缰的小马，在广场上又蹦又跳撒起欢来。只是她玩得太投入，有点得意忘形，根本没留心脚下，一不小心摔在了地上。我的第一反应是冲过去扶她，可是突然想看她怎样处理，在家里遇到这样的情景，她可是赖在

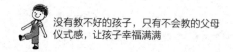
地上不肯起来，像极了娇贵的小公主。今天在外面，我又离得这样远，她会怎样处理呢？谁知道，我正猜想着她会怎么做时，她一下子从地上爬了起来，继续在广场上转起了圈圈。我走过去问她："咦？你摔倒了，怎么不哭呢？"她看着我笑了一下说："这有什么的！我才不哭呢！"说完还在我面前转了好几个圈，意思是告诉我，自己好着呢，根本没把刚才的摔倒放在心上。她的脸上一点没有痛苦的表情，相反却挂着笑容，好像自己做了一件非常了不起的事情。这一切都让我不得不慨叹，对于孩子来说，吃点苦，受点伤真的不是多么糟糕的事情。

而且，童年的"吃苦"经历，很多时候能成为成长路上的最美回忆。一个作家曾在自传里写过这样一段话："我最感谢的，就是童年的那些苦难经历，让我知道了什么是珍惜，什么是珍贵，什么是幸福，什么是有意义。"

所以，让孩子吃一点苦，不是害孩子，是爱孩子。

把开学的喜悦包进每一张薄薄的书皮里

你想过和孩子一起包书皮吗？你给孩子包过书皮吗？你想过没有，在孩子成长的过程中，和孩子一起包书皮也是一件仪式感满满的事情？

以前我也从来没有想到过，更没有意识到，带着孩子包书皮能有什么不一样的感觉，不就是为了防止书被弄坏，给书穿了一件"新衣服"吗？但是女儿上小学后，我才发现自己想错了，带着孩子包书皮，是一种富有情感的亲子体验。

事情从女儿上小学一年级说起。女儿上小学的第一天，老师就在微信群温馨提示：请家长在家和孩子一起包书皮。看到这一条，包书皮的记忆突然从我的脑海中跳了出来，那些包书皮的往事就如放电影般闪过。于是我跟女儿保证，这件事情包在爸爸身上。

包书皮的第一步，当然是去买书皮。接女儿放学回家的时候，我带着女儿去了文具店，在琳琅满目的书皮品种中，挑选了简易的透明塑料书皮。

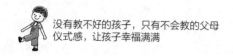
因为根据我的"经验"，书皮包上就好，没有那么多花哨的讲究。而且这种书皮是透明的，能一眼看见书名，对小孩子来说会很方便，而且一下子就套上，省事。女儿乖巧听话，几乎是我说什么就是什么，对我选择的这款书皮没有一点异议，三下五除二就把所有的新书包上书皮。虽然这样的书皮过于简单，但是对于第一次包书皮的女儿来说，也觉得新奇有趣。

看着她爱不释手的样子，我有一种深深的成就感，这些书皮可是我替女儿选的，我替女儿包的。我趁机告诉女儿，书皮包上了，接下来可就要好好读书了。女儿点头答应，非常爱惜包着书皮的书，每次都轻拿轻放，小心翼翼，生怕把书皮弄坏了。这点让我非常欣慰。

可是这样的情况只持续了两天，第三天的时候，女儿放学回来却噘起了小嘴，她说自己的书皮不好看，其他同学的书皮比她的好看多了，让我到班级群里去看一下。我半信半疑地打开了班级QQ群，却大吃一惊，相较于我近乎敷衍的简易塑料书皮，家长们包的书皮太别出心裁了。一个孩子的书皮竟然是用布做的，简单的灰布和有青花图案的布搭配起来，简直有青花瓷一般的观感，又有粗布衣裳的质朴感。可以想象，捧起这本书的孩子，心底会泛起怎样的优雅和清新的感觉来。

还有个孩子的书皮，用的是妈妈织毛衣的毛线，或许就是妈妈临时加班织成的，或许妈妈早就有所准备，穿着"毛衣"的新课本给人温暖的感觉，特别是在寒冷的冬季，想必也更能读得进去吧。更奇妙的是，书皮上还有两个可爱的耳朵，如此一来，课本不仅可以捧着读，还能轻轻松松拎着走。

接着，我又看到一个书皮，竟然是用地图包的，而且用的还是世界地图。读万卷书，行万里路，竟然体现在这个小小的书皮中，让人忍不住会心一笑。

还有一个叫小培的男生的书皮，小培的书皮是用牛仔布包的，准确说是用旧的牛仔裤做的。正面刚好是牛仔裤原有的后口袋，正好可以塞几只笔、一块橡皮。这些书皮太用心了，怪不得女儿说自己的书皮不好看。我急忙告诉女儿，下学期一定用心帮她包书皮。

到了女儿一年级下学期，那些简易的塑料书皮就再也入不了我的法眼，而是专门去文具店买的包书纸。买的时候，对纸张的质地和图案花色也是挑了又挑。发书当天，我们一家人放下手机，关掉电脑、电视，一起包书皮。妻子更是重视，百度了很多包书皮的方法，最后和女儿商议把书包成韩式的和日式的，我却对传统的包书皮方法情有独钟，和女儿商议可不可以用传统的方法包。女儿马上点头同意了，并分配了任务，妈妈包那两种好看的书皮，我用传统的方法包，而她给我们做裁判，看谁包的好。

这个提议得到了我们全家的赞成，当然最兴奋的还是女儿，她一会儿看看我包的书皮，一会儿又看妈妈包的书皮，还煞有介事地指挥和点评，咯咯地笑声让我们整间屋子的空气都充满了甜蜜的味道。事情还没完，女儿捧着包好的书爱不释手："这是语文书，妈妈包的；这是数学书，爸爸包的；科学书，是我自己包的。"语气里满是骄傲和得意。

我被女儿的情绪感染了，全家参与的包书皮，不仅是简简单单的包书皮，更是充满了爱的包书皮。相信女儿在以后用到这些书的时候，看到这些精致的包书皮，总会想到和父母一起包书皮的那些细节，还有我们对她的爱。

就像一位作家爸爸说的："这年头，不会十八般武艺，都不好意思当爹了。出再多的书，她也不会崇拜你，还不如为她包一张书皮。"显然，包书皮虽然只是小事，但又是不可或缺的小事。孩子的很多小事，是家长绕不开的事，是值得用心去做的事。

一位叫陆智强的老师也说过：包书皮并不是现在才有的事。发下新课

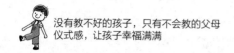
本，包上新书皮，背上书包上学堂，堪称一种传承多年的民俗或仪式。包书皮，透着一种对于书本的敬意。

孩子的仪式感在哪里？就在那些细枝末节的事情上。记得我小时候，最期待的事就是给新书包书皮。当时条件简陋，能作为包书材料的东西不多，所以爸爸妈妈总是把用过的挂历收藏起来，留着给我包书用。妈妈更是有心，会把好看的包装纸收藏起来，等到新学期开学，我拿回新书这一天，家里就一起上阵，妈妈折叠裁剪，爸爸写书名，我自己再歪歪扭扭写上名字，一本书的包书皮工作才算大功告成，之后第二本，第三本，其他的孩子都只包语文数学两种书，但是爸爸妈妈为我准备的材料多，可以把老师发的新书都包上。

我们经常说，要给孩子最好的体验，要让孩子幸福快乐，要让孩子长大成人之后，能够有温馨的回忆，而同孩子一起包书皮，就是最好的一种体验。

让孩子赚一回钱，才能更清楚财富的价值

让孩子接触钱，很多家长一定会一脸困惑，对于小孩子，怎么能和他谈钱呢？这样早就给孩子灌输金钱观，孩子会不会过于看重金钱，长大后成为金钱的奴隶？

其实，这样的担心是多余的，让孩子早接触钱，也是对孩子一个好的引领，只有孩子知道了钱的重要性，才能更好地对待金钱。财商也是情商，让孩子接触钱，对孩子来说也是一种成长体验。

一年级下学期，女儿开始学习元角分，可是她对元角分并没概念，虽然从文具店买来了人民币学具，在学校和家里操练了很久，女儿还是闹不清楚花钱是怎么回事。毕竟人民币学具，不是真正的人民币，而且女儿也没亲自花过钱，对钱的认知还是非常不足的。

后来，我想到了一个好主意，反正女儿也到了打酱油的年级，再买什么东西就让她帮忙跑腿，比如买一包烟、一罐可乐或者一桶泡面。每次，让女

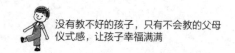
儿去买什么东西，她就会认真计算钱找得对不对，每个东西花了多少钱。慢慢地，女儿开始对一百块、五十块、二十块、十块、五块、一块、五角和一角的钱熟悉了。时间久了，她就开始有概念，盐一块五是便宜的，一瓶白酒一百多是贵的。她还感叹："钱花得真是太快了，大票票转眼变成小票票，小票票变成没票票。"有时候，她的脸上还露出忧虑的神色。

一天，女儿钻到我的书房，很严肃地对我说："爸爸，你一个月能赚多少个红票票？"当我说出了一个数字时，可能超过了她学习的最大数字，她好奇地问："这到底是多还是少呢？够不够养活我们一家人？"我笑着说："我会更努力，让全家人过上更好的生活。"

当女儿越来越熟悉人民币，越来越了解花钱的概念，慢慢地，她就不那么爱乱花钱了。以前她到超市的时候，恨不得把超市所有的东西都抱回家，现在去只买一两种零食。很贵的毛绒娃娃也不吵着要了。女儿的口头禅是："如果买东西花太多钱，我们就没有钱吃饭了。"她这样说让我很是欣慰。

作为家长，不必担心孩子太早接触钱，对钱正确的认识越早越好，有利于帮孩子树立正确的金钱观。

我有一个网友，她是位年轻的妈妈，家里经济条件很不错，可是她没有事事都顺着孩子，常常告知孩子金钱的来之不易。为了让孩子真正明白赚钱的辛苦和不容易，有一年寒假的时候，她让孩子去地铁口卖报纸。地铁口是个好地方，可是卖报纸绝对不是好差事。那天是个晴天，可是寒风呼呼地刮，把孩子冻得直打哆嗦。现在看报纸的人少，就算孩子喊破嗓子也没几个人愿意搭理。那一天下来，孩子只卖了三分之一的报纸，算起来还小亏了一点。

孩子沮丧地说："妈妈，我真没用，卖个报纸我都做不好。""她笑着对孩子说："比起卖报赚钱，你体验卖报的过程更重要。我相信，通过这一次卖报，你会懂得生活的不易，那你就会珍惜生活，不铺张浪费，也不任性淘气了。"

转眼，暑假到了，孩子想买一套足球装备，她想了想说："要不，你去卖冰棒赚钱，我相信你能赚到你需要的数额。"她给孩子准备了一个泡沫箱，用家里的布条给泡沫箱做了"外衣"，然后带着孩子去批发了一大箱的绿豆冰棒。

比起报纸，绿豆冰棒好卖多了，再加上是个小朋友顶着烈日叫卖，哥哥姐姐更是纷纷支持。孩子不停地手动收钱找钱，或者用二维码收钱，忙得不亦乐乎，还不忘向每个顾客说谢谢。很快，一箱绿豆冰棒就卖完了，孩子又去进了第二箱。

一连七天，孩子都在街头卖冰棒，也赚够了要买足球装备的钱。从体育用品中心回来的路上，孩子给爸爸买了一瓶白酒，又给妈妈买了一些头饰。她告诉我，回家后的孩子很兴奋，他赚到人生第一桶金，凭自己的能力买自己需要的东西，还能买点东西孝敬爸爸妈妈，真的是太有成就感了。

家长常常会对孩子说，赚钱不易，可是孩子对金钱并没观念，对赚钱更没有直观的感受。让孩子卖报纸、卖冰棒，实际上赚多少钱并不重要，而是让孩子体验赚钱的不易，赚钱的过程会树立金钱观，他们更会理解和体谅父母的不易。

了解钱，体验赚钱不易，才是最好的理财课。不要怕孩子的仪式感跟钱扯上关系，毕竟任何人的成长和生活都离不开钱。

当然，让孩子熟悉钱，了解钱，不是无限制地给他零花钱，而应该是让孩子把掌管自己的经济权这件事也变成一件有仪式感的事情。

这一点我非常佩服好友大潘。大潘有一个聪明可爱的女儿敏敏。都说穷养儿子富养女，在敏敏很小的时候，大潘夫妻俩就给敏敏办了一张卡，把压

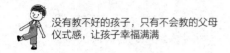
岁钱都存进去。而在敏敏三岁生日的时候，他们给敏敏买了一个储蓄罐，告诉她可以把花不了的零花钱放在里面。敏敏家附近有一家小超市，平时敏敏是里面的常客，经常拉着妈妈的衣角去买零食，但是自从他们两个人告诉敏敏，钱放在储蓄罐里，长大的时候能买更多好吃的东西，敏敏就不吵着要买零食了。有时候他们三个人会坐在沙发上数一下敏敏的零钱，看看钱多了没有。敏敏非常喜欢这个环节，每次都非常配合，捧着储蓄罐让爸爸妈妈数。

无论什么时候，无论你多么富有，让孩子明白金钱的意义，都是一种明智之举。年龄小一点的孩子，可以给孩子买一个储蓄罐，年龄大一点的孩子，可以带着孩子办一张储蓄卡，并且经常带孩子查一下余额，把存钱这件事情，变成一件有仪式感的事情。

让孩子写一封信给未来的自己

朋友开了一间作文培训机构，辅导的大都是二三年级初学作文的孩子。偶尔，我也会过去客串几节课，和孩子们聊聊阅读和写作。

一次，我给孩子们布置了一篇作文，给二十年后的自己写一封信，孩子们可以尽情展开自己的想象。

二十年后，孩子们大概是二十七、八岁的年纪，孩子们会给未来的自己写一封怎样的信呢？开始写作文之前，我和孩子们进行了交流。有的说："二十年后，我应该买了房子，娶了妻子，没准还生了孩子，为了供房子、养家，我还要拼命赚钱。二十年后的我过得有点累，早知道我应该用功念书，上个好大学找个好工作。我大概会跟二十年后的自己说，对不起，二十年前的我不够努力，才让二十年后的你过得这么艰难。"

有的说："我会跟二十年后的自己说，我这么多年所有的努力，都是为了二十年后的自己，能够成为一个对社会有用的人。不管二十年后的我是医

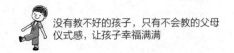
生、律师还是老师，我都会像现在一样继续努力，为社会做更大的贡献。"

也有的说："二十年后的我，你好，那个时候我不再是孩子，我可能都有自己的孩子了，我也不知道能不能管好我的孩子，因为他们有可能跟我一样调皮捣蛋。所以，从现在开始，我一定会做个好孩子，为了二十年后的自己，也为了给未来的孩子树立榜样。"

说实话，孩子们写给二十年后的自己的一封信，多多少少有一些小大人的味道。可是，在七八岁的年纪，和二十年后的自己互动，是一件非常奇妙的事情，甚至有些穿越时光的感觉。不同时代的自己进行碰撞，一方面可以窥探未来的自己，另一方面也可以检视现在的自己。

时下，快递业务高度发达，也丰富和方便了我们的生活。而有一家公司却反其道而行之，创办了慢递业务，客户可以给未来的自己写信，公司负责在未来的某一天送达。与其说这是一家经营慢递业务的公司，倒不如说是一间小小的时间银行。

说实话，我也很想让女儿给未来的自己写几封信，写给十八岁的自己，写给大学毕业的自己，也写给即将走入婚姻殿堂的自己，写给顺境中一路向前的自己，也写给逆境中默默坚持的自己。彼时的她可能是稚嫩的、懵懂的，但是写给未来自己的信，却也是对未来最好的告白，是成长路上最不可或缺的仪式。给未来的自己写信，也可以趁机告诉未来的自己，当自己还是一个懵懂的小朋友，曾经有着对未来多么热切和真挚的向往。一封信不仅写出了自己的犹豫和彷徨，也写出了自己的骄傲和勇敢。

女儿会选择把自己的秘密告诉未来的自己，那些不愿意向外人道的话语，都可以跟未来的自己说，或许在时光的流转中，就会不再纠结、拧巴。或许会跟未来的自己说，那一次的流泪不是因为我成绩没考好，而是有相熟的小伙伴要转校。

孩子需要倾诉，需要一个发泄的渠道，他们不会轻易地告诉家长，也不太会轻易地告诉小伙伴。有些话只能说给未来的自己听，有些痛也只能交给时间去稀释。

孩子写给未来自己的信，就像漫长前路的路标，让自己不再彷徨和慌张，而是按部就班地努力，最终一点点走向未来。

给未来的自己写一封信，是一件非常有仪式感的事，一位作家在她的亲子笔记里写了这样一则故事：她的父亲是一位乡村小学的语文老师，对她有很高的期望，很小的时候就教她读书认字，七八岁的时候就让她口述作文，而从十岁开始，每年到她生日的时候，都让她给未来的自己写一封信。爸爸告诉她，孩子都是世间最了不起的预言家，等到她长大的时候，看看她的话实现了多少。其实她是非常讨厌写作文的，但是爸爸"预言家"的说法让她想看一看自己的话有多灵验，结果，每年的一封信，让她能越来越熟练地驾驭文字，越来越喜欢上了写作，而今也得偿所愿地实现了梦想，成了一名作家。

现在她有了一个可爱的儿子，小家伙上五年级的时候，她也仿照父亲的样子，让儿子给未来的自己写一封信。孩子有很多话想说，但是却不想和她说，所以把这些都写在了信里面。而她也尊重儿子的想法，买了一个精美的日记本，还买了很多精美的信封，儿子写完，把信装进信封里，再替儿子保管。

如今，在生日这天给未来的自己写一封信，已经成了儿子生日的一个保留节目。儿子也非常盼望这一天，用儿子的话说，就像亲手给自己写一部预言书。除了盼望生日，儿子还盼望长大，盼望看到自己的预言实现了多少。她儿子的话，让我想起了我小时候的一些事。我小时候，虽然在乡镇的学校读书，但是却遇到了一位非常负责，非常有文学素养的老师，她每学期开学

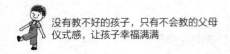
的第一天，都让我们给未来的自己写一封信，她怕我们课后写会搞小动作，都是要求在课堂上写完。写好交给她，她把我们的作文装在一个专属的牛皮纸袋子里，说她会一直帮我们保存的，等我们将来长大了，可以到她那里去取，并且说这是她和我们之间的秘密，她嘱咐我们要认真写，看看谁能实现自己的"预言"。可惜的是，我们都没有多大的成就，也都没好意思到她那里取信。值得庆幸的是，我们都很积极，还努力，都还相信美好，甚至有好几个同窗，沿袭了老师的做法，让自己的孩子给未来写信。我想，这对于老师来说，也算是一种宽慰了。

这位老师是我至今能记起名字的老师，她让我们明白，我是自己的预言家，人生的命运掌握在自己的手里。

成长是一件充满着惊喜的事，而让孩子给未来的自己写信，就是对未来的一个猜想，神秘而有魅力。

而孩子喜欢惊奇，喜欢一切有意思的事。带着孩子给自己的未来写一封信，再把这封信装进信封，孩子会更爱这个世界，更珍视现在的生活，更渴望长大，去看看未来的自己。

第三章

那些充满仪式感的日子，
你从来都不该缺席

　　总有一些日子，是孩子成长过程中的"里程碑"，其中蕴含的意义可谓非常重大。可是，总有家长因为这样或那样的原因缺席，其实缺席的理由多半是可以克服的困难。成长的节点就那么几个，缺席失去的不仅是一时的陪伴，更会给亲子关系留下不可弥补的空白。成长不复重来，仪式感不仅是最好的参与，更是最美的铭记。

每年生日都是人生最美的版本

如果有人问你，一年中最值得纪念的日子是哪天？你一定会说出很多个，但是问一下孩子，孩子的回答可能只有一个，那就是自己的生日。对于孩子来说，生日是他们的节日，是他们最快乐的日子。有一年夏天，我在一个小店里躲雨，店主的女儿问店主："妈妈，小美都过生日了，我什么时候才能过生日呢？"店主刮着她的小鼻子说："你不是昨天刚过完生日吗？怎么又想着过生日呢？"小女孩回答："我就是喜欢过生日啊，哪个小孩子不喜欢过生日呢？"

是的，哪个小孩子不喜欢过生日呢？我小的时候，虽然生活条件没有现在好，过生日的时候妈妈只能给我煮两个鸡蛋，但是我也盼望着过生日。对于一个孩子来说，生日就是他的盛宴。所以，作为家长，最不该缺席的就是孩子的生日。

在这一点上，我的老乡小庞最让我佩服。小庞是个程序员，很多人都说

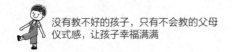

程序员没情调，小庞却并不这么认为。小庞说，自从有了女儿，自己就变得有情调多了，比如给女儿过生日这件事，他和爱人从来都不含糊。在我们的家乡，孩子十周岁都要举行生日宴，并且为了庆祝孩子平安长到十岁，都要邀请亲友。这一年，小庞带三岁多的女儿靓靓参加一个男孩的生日宴。结束的时候靓靓羡慕地说："哥哥就像个小王子，这么多人给他过生日。我什么时候才能过一个这样的生日？"小庞给靓靓解释："每个人的十岁生日宴都会比较隆重，而你的十岁生日还有点远。"但是看着女儿眼睛里的那份渴望还是准备好好为女儿过一个生日。

靓靓的四岁生日很快就要到了，小庞不仅提前预订了一个非常别致的生日蛋糕，还跟幼儿园的园长和老师商量，打算在靓靓的班上给她过生日。而小庞的爱人，为了给女儿一个惊喜，偷偷排练了一首儿歌。自然这一切都是瞒着靓靓进行的，甚至到了靓靓四岁生日那一天，两个人送靓靓去幼儿园，都没泄露风声。直到吃完午餐，睡完午觉，小朋友们纷纷起床的时候，他们才把这个惊喜带给了靓靓。

他们先和老师"合谋"，由老师组织小朋友坐成一个圈，宣布"今天是靓靓生日，大家为靓靓过生日"，之后他们再过来给靓靓庆祝。那天老师宣布完今天是靓靓的生日，接着捧出一个大蛋糕，点上蜡烛，带领小朋友一起唱起了生日歌。唱完，靓靓高兴而羞涩地站起来想吹蜡烛，这时，老师让她等一下，而妈妈这时唱着排练许久的歌走了进来。看到妈妈，靓靓高兴坏了，一下子扑到了妈妈的怀里，更让她惊讶的是，爸爸也来了，靓靓看看爸爸，又看看妈妈，高兴得不知怎么办了，但是快乐是藏不住的，连睫毛都带着笑意。

靓靓在幼儿园过完生日后，好多家长也争相效仿，整个幼儿园隔两天就会唱起生日歌。因为太"扰民"，院长不得不紧急叫停这个固定节目，不再允许孩子在幼儿园里面过生日。不过，这也没有难倒夫妻两个，他们悄悄通过班级群，联系了一些同学家长和同学，希望大家跟靓靓一起过生日。城里的地方几乎都吃过了，玩过了，没有太多能引起孩子兴趣的地方了，他们就把地点定在了郊区的农庄里。在那里，孩子们可以捉鱼、摸虾，可以摘玉米、摘黄瓜，也可以追着公鸡跑、赶着鸭子跳。最重要的是，这快乐的时光有小伙伴做伴，一边聊一边玩，是最好的体验。

开饭的时候，餐桌上有孩子们刚摘的玉米做成的玉米排骨汤，有小鱼小虾，手拍黄瓜，腊鸭焖藕，还有很多平时在城里见不到的农家菜。平时吃惯了汉堡、比萨，这些不起眼的农家菜却很对孩子们的胃口。每个菜一上来，都争先恐后去夹，仿佛遇见了珍馐美馔。

进餐完毕，小庞带着孩子们去划船，荷花开得正艳，正式采摘莲蓬的好时节，每个人都摘了好多。而妈妈们，则忙着给自家的孩子拍照，大家都玩得非常尽兴。比起在幼儿园过的生日，这次的人数要少许多，但是不同的模式有不同的体验，不同的环境又有不同的快乐。

临走时，小庞才安排吹蜡烛吃蛋糕，吹蜡烛前，靓靓默默地许愿。当所有同学家长和同学都离开了，小庞对靓靓的生日愿望产生了兴趣，问她："你能告诉爸爸许的是什么愿望吗？"靓靓眨着小眼睛告诉他，自己有三个愿望，第一是爸爸越来越帅，第二是妈妈越来越美，第三是每年都可以过个快乐的生日。看着靓靓认真又开心的样子，小庞在心里说，为了女儿的这份快乐，一定认真为她过每一个生日，管她是五岁还是十岁。

后来，小庞每年都给靓靓过生日，六岁生日去了上海迪士尼，七岁生日回了一趟贵州老家，八岁生日到养老院探望老爷爷老奶奶，九岁生日在城郊的木兰草原体验骑马。

之后，就到了靓靓最期待的十岁生日，小庞和爱人在酒楼请了亲朋好

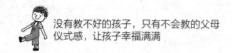

友，还有众多靓靓的小伙伴，他要让他们一起来庆祝靓靓的成长。开席前，小庞和爱人致欢迎词，亲友代表送祝福，同学代表送祝福，点燃生日蜡烛许愿，然后吹灭蜡烛分蛋糕，现场的大朋友小朋友一边唱着生日歌，一边品尝着生日蛋糕。

每个孩子都期待过生日，过生日可以有美味有惊喜，有告别昨日的恋恋不舍，也有迎接期待明天的雀跃心情。不管是十岁这样的大生日，还是平常年份的小生日，每个生日都是人生最美的版本，无法复制，永留记忆中。

现在很多人都说自己很忙，也的确有很多家长忙得不成样子，可是再忙，有孩子的成长和快乐重要吗？再忙，也能抽出时间陪孩子一下。世上最快的是时间，孩子转眼间就会长大，你今年错过了孩子三岁的生日，来年只能给他过四岁的生日了。我们经常说不要错过孩子的成长，陪孩子过好每一个生日，也就是见证他的成长，更能给他留下一个美好的童年。

每次家长会，都是了解孩子的一面窗口

家长会，是家长和学校沟通的最好渠道，也是父母了解孩子的一扇窗户。一般来讲，家长会一年也就一两次，作为父母理应积极出席。然而，现实的情况，总有父母会缺席孩子的家长会，或者习惯性将爷爷奶奶"推"出去。

我有个朋友小庹，他的女儿心怡在老家县城的小学念书，平时爷爷奶奶帮忙带着，成绩不好也不坏，基本上不用小庹两口子操心。小庹也在老师建的家长群里，老师分享的各种信息也有留意，很多教子的心得也有了解。可是，小庹毕竟不在心怡身边，管教孩子也没那么便捷，而且工作实在是很忙，只能偶尔和心怡视频聊几句。好几次，小庹都跟我说："路哥，我真对不住心怡，我应该花更多时间陪她，应该在她成长的过程中做更多的事。"

没过多久，心怡的学校组织一学期一次的家长会。小庹跟我发微信说："路哥，我真的很想去参加心怡的家长会，可是……""可是"的后面没有

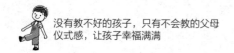
下文，显然小庹并不准备参加这次家长会，哪怕他嘴巴上说"真的很想"。家长会如期举行，小庹让心怡的奶奶去参加了家长会。而我留意了一下，开家长会的那天，小庹并没有特别的事情，还是照常陪老婆买菜过周末，晚上约朋友看电影。

我问小庹："你为什么不开车回去参加家长会，也就两个多小时的车程而已。"他淡然地说："跑来跑去太麻烦了，而且老师在家长会，说来说去都是那些话题，没什么新意的。"我再问："你参加过一次孩子的家长会吗？哪怕一次，一次也好。"他顿时语塞，半天都讲不出话来。

生活中经常遇到这样的家长，以工作忙为借口，让爷爷奶奶甚至家中的其他亲友代替参加家长会，我实在不明白他们的想法，现在老师都很忙，和老师沟通往往会打乱老师的工作节奏和生活，家长会却是一个向老师了解孩子的平台，这样好的和老师交流的机会都错过，那么，你称得上重视孩子的成长吗？而我不会错过女儿的任何一次家长会。

不过说起第一次参加女儿的家长会，还闹了个不小的笑话。那天，我很早就来到了教室，这样早进教室，按理说可以选一个靠前的位置，可是，我却低着头走到教室的最后一排，找个位置坐了下来。当时的想法很简单，老师批评女儿的时候，我可以藏得更隐蔽些。再或者，坐不住的时候，我也可以开个小差，从后门出去透口气。

由于女儿不是特别的优秀，也不是特别的顽皮，整个家长会都没有被提及。我在下面也乐得清静，一边听老师滔滔不绝地说，一边在下面刷起了手机。家长会一结束，我就匆匆地和班主任、任课老师打了个招呼，然后离开了教室。当时，我并没觉得有什么不妥，大部分家长也都是来匆匆去匆匆。

过了些天，班主任在群里说："亲爱的家长们，作为班主任，期待和各位家长面对面的交流。大家不要怕打扰我，我随时欢迎大家，欢迎大家在我面前晃来晃去。我最怕的是，孩子上完一学期，家长从来都没露过脸，我连家长的样子都没看清。好不容易开个家长会，好多家长也是来无影去无踪，难道是跟我在躲猫猫？"

我不由得对号入座，这说的不就是我吗？我虽然也参加了家长会，但是并没有充分利用这个契机，好好地了解孩子在校的情况，相反给自己找了个很好的避风港，自己是不是对女儿太不负责任了？

想到这里，再开家长会的时候，我不再坐在教室后排和老师"躲猫猫"，而是尽量坐在教室的前排，认真听老师讲话。老师讲的内容，有的跟我女儿有关，有的跟我女儿无关，我都用心地听，精彩的地方还会用笔记下来。这样重视起来之后，我突然发现，家长会并不是那么枯燥和无聊，老师的言语中总有让我豁然开朗的地方，总能让我受益良多。而家长会结束的时候，我还会和熟悉的家长交流一下养育孩子的经验，请教一些问题，也都获益良多。当然最重要的是，我有了绝佳的和老师交流的机会，更好地了解孩子的状态。有一次孩子的成绩下降很多，我也找不到下降的原因，就询问老师具体情况。老师说孩子上课的时候注意力有些不集中，总是和同桌说话。知道了这点，我请求老师帮女儿调了座位，并请老师严格督促她，一段时间之后，女儿的成绩有所提升。

我想，要是像以往一样，家长会的时候我坐在角落，一定不能及时地了解到女儿的状态，那看着女儿成绩下降也只有干着急瞎忙活的份，如果逼得紧了，还会引发亲子关系危机，想想都可怕。

每次家长会散会，老师总是笑着说："路爸爸，开家长会就该多交流，不然这家长会也白开了。"这让我感觉，自己和老师多交流，并没有给老师带来困扰，反倒让老师很高兴。细想想真是这样，开家长会的目的就是了解孩子。孩子是老师的学生，更是家长的孩子，家长不跟着一起分担教育的职

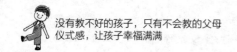
责，老师需要耗费多少心血才能把孩子培养成才？家长需要向老师了解孩子的情况，老师需要向家长反映孩子在学校的状态，是相辅相成的事，并不是给老师找麻烦，老师也不会认为你是在给他找麻烦，反而会觉得你重视孩子的学习。

和老师交流一番，我对女儿的认识更清晰了，也开始盘算着如何加强教育。

每次回家，我都会和女儿聊她班上表现优异的同学，聊班主任概括的女儿的优缺点，也聊了很多老师说过的学校里的事情，女儿瞪大了眼睛，好像头一次听到一样，眼睛里充满了惊喜和好奇。我还发现，我认真开家长会以及认真和女儿交谈之后，女儿变得懂事了。有一次我参加家长会回来，女儿拉着我的手说："爸爸，谢谢你，谢谢你参加我的家长会"。这让我一愣，但立刻就明白过来，女儿不仅仅是感谢我参加家长会这件事，更是感谢我愿意通过家长会了解她，这份了解也是最好的爱和关心。女儿的班上有很多爷爷奶奶参加家长会，甚至有的孩子的家长都没有到场，女儿是真心地感谢我。

对于孩子来说，参不参加他的家长会，用什么样的态度和心态参加家长会，是一件颇有仪式感的事情，你觉得参加家长会不重要，但是在孩子心里，可不这样想，他会通过这件事情，揣摩你是不是爱他，是不是真的关心他，是不是真的把他放在心上。

其实，孩子虽然不说，但是，却十分在意家长会这件事。有一次我去开家长会，看到一个孩子坐在椅子上抹眼泪。我问他怎么回事，他说爸爸妈妈没来开会，甚至爷爷奶奶都没有来。孩子说着哭得更厉害了。看着他不停掉落的眼泪，我都有想教育他家长的冲动，你有什么重大的事情，会让你缺席孩子的家长会？赚钱重要，生活重要，可孩子不是更重要吗？

孩子的成长过程中，家长会是最不该错过的，一方面是家长和学校沟通的需要，另一方面是家长参与孩子成长的重要途径，是仪式感的体现。

最重要的一点是，孩子非常在乎谁替他出席家长会。我有一个做教师的朋友讲了这样一个让人心酸的故事，有一天，他们学校举行家长会，一个男孩的爸爸妈妈在外地工作，赶不回来临时请假，让自己家的保姆代劳参加家长会。开会那天，那个孩子全程趴在桌子上，没有一点笑容，他看着既心疼又难过。

孩子的心是一面小小的湖水，无论何时，孩子最在乎的是你，稍微有点风，就会被吹起波纹。所以，如果有时间，如果没有太多脱不开身的事情，尽量不要缺席孩子的家长会。不要让一次家长会使孩子认为你不在乎他，缺席了他成长的一部分。

亲子运动会，和孩子一起快乐奔跑

世上最亲密的情感就是家长和子女之间的情感，亲子运动会更是这种情感的体现。

有一次，搭档小李一大早就给我发来消息，说他上午有事不过来了，工作上的事让我多辛苦下，实在忙不过来的时候给他打电话。接到这个消息，我有些奇怪，小李平时是不请假的，而且对耽误工作这件事情深恶痛绝，经常被我们调侃，有了工作什么都可以不要。这样一个视工作如生命的人请假，一定是有十分重要的事情。我爽快回复他放心，一切有我，让他安心办事。

接着，他又发过来一条消息："你想不想知道我请假干什么去了，我去参加儿子的亲子运动会！"

参加亲子运动会？这可令我大吃一惊，为了参加孩子的亲子运动会请假，可以理解，可是对他来说，怎么样都觉得有些不可思议。

应该是猜到了我的反应，小李告诉我，工作虽然重要，但是，参加亲子运动会更重要，你想想，别的孩子的爸爸妈妈都来了，唯独你没有到场，孩子会怎样伤心难过？一个小小的孩子承担这份伤心，当爸爸的，心里又怎么过意得去。

小李这样说我就全明白了，工作再重要，也没有孩子的成长重要，钱可以再赚，工作可以再做，但是，孩子成长的过程就一次，错过了就永远错过。而且，亲子运动会也开不了几次，也是参加一次少一次的。最主要是，如果不参加，孩子的心里一定会留下遗憾，这份遗憾更是多少钱也弥补不回来的。

明白了这些，我开始佩服起小李来。说实话，在现实生活中，因为大家都忙于工作和生计，除了亲子运动会，家长和孩子一起运动、互动的机会并不多。但是跟参加家长会一样，亲子运动会也是家长需要重视的事情。

我第一次参加女儿的亲子运动会，还是她上幼儿园小班的时候。运动会的项目安排得挺简单，就是家长把孩子扛在肩头，然后一次又一次把孩子举高高，谁举的频率最高、时间最长，谁就是最后的胜利者。但是就是这样一个简单的游戏项目，却让我感受到了和以往陪孩子不一样的体验。我平时陪女儿时间不少，但是除了陪伴，像这样亲密式的陪伴却是从来没有过的。这一次的亲子运动会，让我感受到和平时陪伴不一样的快乐。而在比赛的过程中，还有一个好玩的状况，我担心举得太高女儿害怕，女儿却总是嫌我举得不够高，一次次告诉我"举高一点"，孩子的天真和可爱一展无遗。

要说这个项目有多好玩，真的不尽然，项目设计得很简单，也没有复杂的过程，都谈不上好玩，但是女儿却玩得很开心，并且是前所未有的开心，至少以前我很少看到她这样开怀过。我想她之所以这样兴致高涨，情绪饱满，是因为亲子运动会时我来了，这样的时刻，我待在现场。就像成年人常

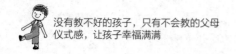

说的"我需要的时候，你在，这就是幸福"。亲子运动会，我在，就是女儿最大的幸福。

幼儿园大班时，园里又组织了亲子运动会，这次的主题是三人两足，这是需要一家三口共同协作的项目。项目看上去并不复杂，但是需要爸爸妈妈和孩子通力合作，才能既不摔倒又能快速奔跑。

为了顺利完成比赛，我们一家三口早早地做了准备，我们居住的小区有一个高尔夫球场，空闲的时候，我们就去那里练习，还有河边的树荫下和附近高校的操场都是我们练习的场所，甚至女儿还为此付出了"代价"。一次，在附近学校操场上练习的时候，女儿的脚不知怎么绊了一下，结结实实地摔了一跤，膝盖上渗出血来。我和她妈妈心疼地把她抱在怀里。不过练习是有成效的，我们的步伐越来越一致，速度也越来越快。比赛那天，我们沉着应对，一路"杀"到决赛，并且有惊无险地拿到了冠军。虽然园长颁发的奖品并不贵重，但是晶莹剔透的奖杯却很亮眼，捧着奖杯的女儿乐开了花。

颁完奖，园长说："比起奖杯和名次，更重要的是家长和孩子的协作，当家长和孩子一起奔跑的时刻，一定会成为孩子最棒的回忆，也是最值得纪念的。"我非常认同园长的话。

女儿的同学李云博的爸爸妈妈更是这句话的有力践行者。李云博的爸爸妈妈在北京工作，为了参加这次的亲子运动会，特地提前一天搭高铁回来。要知道，平时李云博的爸爸妈妈是很少回来的，除了清明、国庆这样的节日，只有到了阖家团圆的时间，他们才会回来。

更让人感慨的是，李云博的爸爸妈妈不仅千里迢迢地回来，而且回来之前还为活动做了准备，李云博的爸爸还为儿子设计了专门的比赛口号"云博云博，放手一搏""云博云博，奋勇拼搏"，口号看似平常，但是喊起来却铿锵有力。比赛时，别的家长和孩子顶多喊几句"加油"，李云博和爸爸妈妈口号一出，顿时就惊艳了全场。

李云博的妈妈也没闲着，她特地去网上订了一套亲子上衣，不仅印上了全家福，而且还写上一段温馨的话语。人们常常说要赢在起跑线，李云博和爸爸妈妈站上起跑线的那一刻，顿时就赢了所有人。

这次的三人两足，我们是冠军，李云博一家虽然成绩并不优异，却是全场当之无愧的焦点。

很多时候，家长并不是无意中错过了孩子的重要时刻，而是轻易地就放弃和孩子并肩前行的机会。孩子的世界很小，小到只有家和学校。和爸爸妈妈一起参加运动项目，和爸爸妈妈一起忘情奔跑，都是会镌刻进时光的记忆中。当未来某一天，记忆闪回到某一个时间点，孩子就会记得爸爸妈妈和自己一起奔跑的经历，那一刻涌上心头的是满满的幸福和快乐。

如果爸爸妈妈错过了亲子运动会，不单单是错过一次无关紧要的节目，更是错过和孩子心贴心的机会，也错过了留下美好记忆的机会。

记得小时候，我最大的愿望就是爸爸妈妈能陪着我参加学校的六一活动，可是小时候住在乡下，学校举行六一活动的时候，爸爸妈妈都有事情要忙，根本没时间过来，我只好一个人参加活动。之后，看着别的同学被爸爸妈妈陪着说说笑笑，吃零食，我又羡慕又嫉妒。为了能让他们陪我参加活动，我总要提前和他们"预约"，可就是这样，他们陪我参加活动的次数也屈指可数，让我现在回忆起来都是满满的遗憾。

而爸爸妈妈提到我小时候的事情，也同样满是遗憾，妈妈曾经不止一次说，小时候家里太忙了，根本没时间陪你，而有空陪你的时候，你却转眼间长大了。

是啊，孩子是长得很快的，可能今天还在你怀里撒娇，明天就比你高，

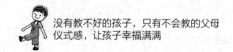
可能今年还围着你叫"妈妈"，明年就嚷嚷着独立，要自己的空间。龙应台说过，孩子是有有效期的，所以，我们一定要珍惜和孩子在一起的每一分每一秒，珍惜和孩子每一个相处的瞬间和相处的活动，让孩子不留遗憾，让自己也不留遗憾。

坐在前排看孩子的汇报演出

问你一个问题，观看孩子汇报演出的时候，你坐在哪里？我想很多家长的答案和我一致：坐在前排。是的，看孩子演出，一定要坐在前排。因为孩子小，视线低，你只有坐在前排，孩子才可以一眼看到你，看到你对他的微笑和鼓励。

女儿第一次汇报演出的时候，那天早晨爱人还在磨磨蹭蹭，我在一边不停地催促着："快点，快点，我们一定要坐在前排看女儿的汇报演出。"

爱人不以为然，争辩说坐在哪里都一样，难道坐在前排就看得清楚些？我没空和她争执，拽着她一路小跑，在许多家长还没入场前，就占据了全场的最佳座位。

汇报演出前，学校还在紧锣密鼓地彩排，由于幕布半垂，我们也看不清什么，只好安静地等待，偶尔刷一下手机，但是我的耳朵却没有闲着，随时听着幕后的动静，只等有人宣布演出开始，只等着女儿小梅花鹿一样蹦蹦跳

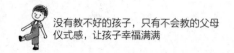

跳地站在台上。

汇报演出开始，老师和小演员们妆容精致地走上舞台。全场观众都热烈地鼓起了掌。随后，演出开始。这时我听到一个妈妈的声音："我看到我女儿了，她是今天的小主持人，就是可惜，我只看得见她半张脸。"随着这个声音，还有一个爸爸的抱怨声也传了过来："都说让你早点走，现在坐在后面，什么也看不见，怎么给孩子照相啊？"不过爸爸的声音却引起了妈妈的疯狂吐槽，说："现在怪我了，让你快点穿衣服，你却说要打完这把游戏，也不知道是游戏重要，还是孩子的演出重要！"两个人粗声粗气，气势汹汹，完全忘记了这是孩子演出的现场。如果不是旁边家长的劝阻，我觉得他们会吵起来。

听着听着，我看了爱人一眼，意思是，怎么样，听我的没错，看孩子演出就要坐在前面。可是爱人却并没什么回应，让我很是难过。毕竟别人的抱怨，跟我们没什么关系，而且女儿的节目还没到，我们的手机和相机也还派不上用场，可能她还没意识到坐在前排的好处吧。不过我知道，她很快就会知道我今天决定是正确了。

时机在女儿节目开始的时候来了。女儿的节目是一个集体舞，女儿虽然不是内向的孩子，但是上了舞台还是有点胆怯，一副很不自信的样子，眼睛到处瞅来瞅去，不过她很快就发现了我和妈妈，我明显感觉到，在她看到我们后，她的状态好多了。开始表演后，我利用得天独厚的地理优势给她鼓掌，打气，用口型给她喊口号。这些她当然看见并且领会到了，跳舞的时候比上场自信多了，就连平时慢半拍的小毛病也不见了。

看着这一切，爱人悄悄对我说："女儿平时最害怕跳舞，跳舞总是慢半拍，这回可算是没掉链子。"我笑着说："那是因为女儿看到了我们，有爸爸妈妈压阵，她自然不恐惧也不慌张。"可不是，要是我们坐在不起眼的位置，我们找不到舞台上的她，她找不到观众席的我们，哪里会有这么大的底气。听我这么说，爱人也就不说话了。

女儿汇报演出结束，一路上说个不停，显然开心得不得了。看着女儿开心的样子，爱人逗她说："奇怪，今天你怎么表现这样好呢？我记得你不愿意演出啊！你在幼儿园的时候，有一次汇报演出，我和你说妈妈在台下看你，你好好表演，回头请你吃肯德基，谁知道你上台没多久就哭着鼻子跑了下来了。"

爱人这么一说，女儿不好意思起来，撒娇地说："其实，我都准备好了，还想着妈妈来给我打气，一定不能让妈妈失望了。可是，我看遍了全场，也没找到妈妈，我当时就慌得不行，以为你走了，等我下了台，才知道你坐在角落里，我不是不喜欢表演，是看不见你害怕。"

我听了，马上笑着说："怎么样，这回你知道我为什么要坐在前面了吧，比起一顿肯德基，妈妈的注视更重要。看你还要不要磨蹭，磨蹭到最后人是到场了，结果跟没到场差不多。"听我这样说，爱人才不再说什么，反而向女儿保证，下一次汇报演出的时候，一定坐在前面看她表演。

可能觉得我们谈论的气氛太严肃了，女儿懂事地说："不用，我不再是幼儿园的小朋友啦，只要你们到场支持我，不管你们坐在哪里，我看不看得见你们，我都会好好地表演，不会让你们失望的。"可是，作为她的爸爸，我知道她说这话时多么没有底气，声音小得不能再小，明显就是在哄我们开心。今天可是她的节日，不能让她有一点点难过的情愫啊。我和爱人连忙说，爸爸妈妈下次保证一定早早来，坐在前面，并且伸出手和她拉起了钩钩。看我们这样重视，女儿的小脸上才露出了笑容。

当然，这里并不是说，孩子汇报演出的时候，不顾秩序地鼓励大家都坐在第一排，我们也不是每次都能坐到前排。但是就算是坐不到前排看表演，

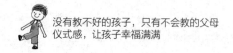
我们也尽量往前坐，尽量让孩子看到我们，感受到我们在给他鼓励和支持。有一次我们没有幸运地坐到前排去，但是我们和女儿约定，演出的时候，爸爸会向你挥手，你表演节目的时候，看见挥手的人就放心，爸爸在呢。因为提前做好了预防，那天，虽然没有坐在前排，孩子并没有在表演的时候看见我们，情绪也依然饱满。她说，刚上台的时候有一点紧张，可是想到爸爸在下面跟自己招手了，就什么也不害怕了。

是的，孩子还是小孩子，很多时候，他们是胆怯的，面对那样高的舞台，那样多双眼睛，他们会紧张，会害怕，甚至会恐惧，这个时候，真的需要爸爸妈妈给他们加油打气，爸爸妈妈在场会让他们感觉有坚强的后盾，什么事都不用怕，都不用慌。

其实对于孩子来说，他非常在乎你坐在什么位置看他。朋友给我讲了这样一件让人啼笑皆非的事情，有一次，他们家的小公主汇报演出。演出的头一天晚上，小公主给他们夫妻两个下了"死命令"，明天看演出的时候，一定要坐在前排，坐在她能看见的位置。朋友奇怪地问她："为什么呀？坐在哪里不都是看你表演吗？而且学校的礼堂又是阶梯式的座椅，根本就不用担心被挡脸，更没有看不到的问题。"谁知道他们家的小公主瞪着大眼睛说："你们是可以看到我，但是下面坐着那样多的爸爸妈妈，我站在舞台上表演的时候，隔得那样远，又怎么能看见你们呢？我就是想表演给你们看的。"

一句"表演给你们看"，瞬间让朋友感慨万千，是啊，虽然这些活动看起来最高兴的是孩子，可是，孩子表演节目，最需要的观众是自己的家长，是他们亲爱的爸爸妈妈，你躲在了"最后方"，孩子到哪里去找你呢？作为孩子最忠实的观众，你真的应该坐在孩子看得见的地方。

不过有时候，事情可能不会像我们想的那样，不可能都坐到前排，即使没有，也要让孩子看到你，找到你，知道你在看着他。因为比起坐在前排看孩子的汇报演出，更重要的是关注孩子，适时给予最大的关注和支持。让孩子感受你的存在，感受你关注的眼神，感受你支持的掌声，也感受你浓得化不开的爱。

相信不管孩子长多大，走多远，都会记得坐在前排看汇报演出的你。

不可错过的毕业典礼

　　孩子的成长过程中，最不能错过的是什么？我相信一定有人给出很多不同的答案，甚至有的人一定会说，孩子是我们手心里的宝，我们就是为了他们而奋力拼搏的，当然不愿意错过他成长过程中的重要时刻。这句话说得太对了，但是，有一句话说得好，我抱着你，没有办法养你。我们不想错过孩子的成长，但是，很多时候，我们不得不错过他们一些成长的时刻，不能永远伴在左右，如果这样，你最不该错过的是哪个场景呢？

　　在我看来是毕业典礼，这是郑工告诉我的。

　　郑工是我的朋友，我们常聚在一起饮茶，或者在文学沙龙谈诗歌。平时，郑工是个大大的闲人，几乎是随传随到的那种朋友。可是，前段时间，郑工却总是传而不到，不管是有好茶还是有好诗，都没办法打动他。

　　一天，我忍不住问郑工："你最近到底在干吗，有什么大事要忙吗？"郑工也不隐瞒，说自己要去参加儿子的毕业典礼。我知道郑工的儿子在英国留学，在那里，毕业典礼真是件很重要的事。经常在电视里看到英国大学的毕业典礼，那可真是一件非常有仪式感的人生大事。郑工这个决定非常好，孩子离家这么远，本来就聚少离多，是应该在孩子这一重要时刻出席，既能见证孩子成长，又能弥补陪伴少的遗憾。

我关心地问："那你和太太什么时候动身呢？"听到我问话，郑工一惊，赶紧摇摇头说："动身去哪里？英国吗？不，在英国的是大儿子，还没到毕业的时间。我们参加的是小儿子的毕业典礼，他今年正式从幼儿园毕业，马上要开始小学阶段的学习了。"我一下子愣在那里，原来自己会错了意。不过愣过之后，又觉得有些无语，幼儿园毕业就这么大张旗鼓地重视，有必要吗？

不过这话我没有说出来。在我心里，一个幼儿园的毕业典礼，真的没有这样重视的必要。虽然幼儿园阶段是孩子人生中第一段集体生活，也很重要，但是孩子普遍年龄小，还不太懂聚散离合，更不可能懂人生意义，在他们眼里，幼儿园毕业，升了小学，等同于换了一个场地玩耍，这样重视，实在没有太多的意义。可是，郑工不这样想，他说，任何年龄段的毕业典礼都是一个仪式，作为家长，有必要重视，而且不仅要重视，还要正式。郑工这样说的，也是这样做的，为了参加这次典礼，他和妻子居然每人定做了一套礼服，是全场唯一穿正装出席的家长，给人感觉他们不是参加孩子的毕业典礼，更像是参加一场婚礼。

会场上，他们也是最忙碌的一对家长，不仅协助老师给孩子们拍集体合影，还为每个小朋友单独和老师拍了一张照片。他们说，虽然是幼儿园，但是这是孩子生命中的第一个毕业典礼，可能明年或者后年，儿子就不一定能想起照片上面的人了，但是也要给孩子一个最美好的回忆，最美好的纪念。

参加典礼是一件很劳神的事，参加完典礼，很多家长可能就会带着孩子

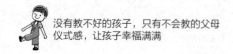

去吃一顿大餐，玩一次平时舍不得玩的游戏项目，他们也是一样，参加完典礼之后，带着孩子去看一场电影，电影散场后，还邀请了几位重要的亲戚和朋友，一起吃了一顿"升学宴"。他的儿子当然是当之无愧的主角，我们纷纷给他准备了礼物，小家伙收礼物收到手软，顿时乐开了花。

宴席的最后，郑工还要我们每个人送给他儿子几句话，让这个毕业典礼更加意义不凡。轮到我时，我说："幼儿园毕业，你就是大孩子了，即将变成小学生。小学生玩的机会会少一些，要花更多时间在学习上，你做好准备了吗？"孩子握紧小拳头，大声地说："我早就做好准备了！"看到孩子认真的样子，郑工悄悄对我说："看到了吧，我这么重视地参加这个毕业典礼不是没有道理的，我用丰富隆重的仪式告诉他，这是一个站台，一个新起点你要从这里起航，飞向更广阔的天空。"经他这样一解释，我才明白了他的良苦用心，也才知道能把大儿子培养成去英国读书的优秀孩子，是有原因的，他知道什么时候给孩子鼓劲儿，怎么给孩子鼓劲儿。这样培养出的孩子，想不优秀都难。我还明白，是郑工和太太参加毕业典礼，以及毕业典礼后的安排，让孩子好好体验了这个仪式，真切地感受身份角色的变化。可以预见，在很久以后，他都会记得这个毕业典礼，记得这个精心安排布置的一天，也能记住这份充满仪式感的爱。

我另一个朋友大康却不一样，除了学校要求不得缺席的家长会，他基本上不愿意踏进幼儿园的大门。有好几次，大康的女儿玲玲朗诵比赛，别的家长都去给孩子助威，唯独大康躲着不愿去。即使玲玲取得好成绩，需要家长到场颁发奖状时，也让妻子出席，回头再用吃大餐或者逛水族馆奖励，总之，就是不愿意去孩子的学校，也不愿意见孩子的老师。

转眼到了玲玲幼儿园毕业的时间，老师在班级群反复强调家长参加毕业典礼。可是大康却依旧打定了主意不准备参加，甚至早早地安排了远足的计划。老师反复跟大康沟通，可是大康依旧不为所动。大康说："幼儿园这活动那活动应接不暇，比起参加毕业典礼，还不如平时的陪伴呵护重要。"

可是，后来发生的事情却让大康后悔不迭，毕业典礼结束后，女儿玲玲很久都不理大康，还气呼呼地说："不要坏爸爸。"不参加毕业典礼就成坏爸爸了？这让大康很是不解："不就是个毕业典礼吗？平时我也没少陪你，难道你就都忘记了吗？"玲玲委屈地说："别人不是爸爸去，就是妈妈去，有的还是爸爸妈妈一起去。妈妈在北京工作回不来，你在家也不肯去，我一个人参加，像个没人要的孩子。"玲玲一说大康才明白，连忙安抚玲玲，并许诺好好补偿。可是玲玲却噘着嘴说："我才不要补偿呢，我感觉自己没有参加过毕业典礼，也没有毕业似的。"大康顿时明白，自己错过的不是毕业典礼，而是女儿告别幼儿园的仪式，女儿成长的过程，哪怕那只是一个时间点，却也是最为重要的时间点。

孩子的毕业典礼参加或不参加，表面上看不是多大点事，甚至在很多人看来错过也无所谓。然而，毕业典礼是一个学习阶段的结束，是另一个学习阶段的开始，告别不仅仅是为了告别，更是为了之后更好的开始，怀抱更大的热情去学习，去迎接更美好的明天。

你不知道，对于孩子来说，毕业也是一件大事，甚至是一件非常庄重的事情。在孩子的心里，毕业是一件值得纪念和有意义的大事件。一个朋友讲过这样一个故事，他家的孩子小学毕业照相那天，非要妈妈给化上漂亮的妆，穿新买的公主裙，说那天是她小学生涯的最后一天，是一个值得纪念的日子，让他哭笑不得。其实这很好理解，孩子也有丰沛的感情，他们也想把自己每一个人生节点过得与众不同，而毕业是他们的一个新的节点，是重新起飞的起跑线，没有理由不重视。

坐在领奖台下，为你的孩子鼓掌

如果孩子得奖了，你会不会去领奖现场，陪着孩子一起领奖呢？如果颁奖地在外地，而你要去的话，舟车劳顿不说，还需要和领导请假呢？我想，听到后面这一串话，很多家长都会摇头，孩子领奖重要，但是，工作同样重要，生活更重要，现在的奖也是名目繁多，含金量有待商榷，实在有些不值得。

同事肖红就是这样。肖红的儿子栋栋在一次全国小学生作文比赛中获得了一等奖，获奖电话先打到了肖红的单位里，同事们听了纷纷向她祝贺，肖红也显得非常开心，因为这个奖很有分量。组委会发来消息，邀请他们去领奖，我们都以为她会陪着栋栋领奖呢，谁知道肖红却表示她不能去。肖红的理由很简单，栋栋的爸爸在外地工作，去不了，自己又忙得脱不开身，没有时间去，所以很遗憾不能参加颁奖仪式。

但是栋栋却不依，这是他第一次获奖，还是全国作文大奖，家人不亲临现场，他不愿意。一次次磨肖红，肖红被磨得没有办法，让栋栋的外公外婆代替自己去。可是老人家说："我们什么都不懂，不会倒北京的地铁，如果让我们上台发言，更是说不好话。"他们拒绝了她的要求，后来，肖红又去拜托栋栋的小姨，栋栋的伯伯，结果都以不同的理由拒绝了。其实，说来说去，大家都认为肖红应该亲自陪栋栋走一趟，而不是找一个人做代表。

肖红一直纠结，要不要为这个颁奖仪式请个假，纠结来纠结去就是开不了口。其实，老板也知道栋栋获奖这件事，慢慢地，也知道了肖红为请假纠结。后来，老板把肖红叫进了办公室，笑着说："坐在领奖台下，为自己的孩子鼓掌，这是多么值得高兴的事，你还有什么可犹豫的。"

老板还给肖红分享了一个故事，小时候，他的成绩挺不错的，经常参加市里组织的各种竞赛，有几次也拿到了非常不错的名次。他总希望爸爸或妈妈陪着去领奖，可是他们总说，你去领奖就可以，他们就不浪费那个路费了。他虽然知道他们是省钱，可是心里却非常失落。

老板接着说："后来，我的参赛兴趣就不大了，就算参加了，再也没有获过什么奖。老师都说大意了，放松了，本来可以考得更好的。当时的我也不明白，直到后来，我想可能是因为爸爸妈妈不去参加颁奖仪式，导致我参赛一点也不积极，如果他们愿意参加，事情或许真的会不一样。"

老板给肖红讲了往事，也给肖红批了去参加颁奖仪式的假。假有了，肖红再也没有拒绝去颁奖仪式的理由，开始认真地准备北上的行囊，甚至开始预想如果需要自己发言到底该讲些什么。

等肖红和栋栋到了颁奖现场，组委会并没安排获奖家长发言，只是让栋栋发表获奖感言。这是第一次，肖红坐在领奖台下看着栋栋在奖台上领奖，领奖的过程中，栋栋的神色充满了自信和自豪，还不时和肖红四目相接。更让肖红想不到的是，栋栋不仅作文写得好，口才也格外的好。栋栋有条有理

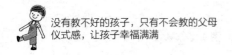
地说着自己写作的心得，说自己要感谢的人，还说了自己的梦想，这些都让肖红慨叹，自己的儿子什么时候长大了，什么时候有这样多的想法了。

肖红回来后，掩饰不住自己的兴奋，不止一次对我们说："我真的不敢相信我的眼睛和耳朵，领奖台上的栋栋是那么的优秀，那么的光芒四射。"肖红还告诉我们，栋栋回来后写了一篇日记，日记中写了他很开心妈妈能去颁奖仪式，还说看见妈妈在下面为他鼓掌感到了巨大的幸福和满足。她动情地说，下次要是再有这样的事情，一定不像这次犹豫了，必须果断参加。

人生就是一个删繁就简的过程，但是爸爸妈妈跟孩子之间，有些事情是不可省略和忽略的。孩子站上领奖台，是多么激动人心的时刻。作为家长，或许不一定能给孩子创造更多更好的物质条件，但是适时的支持和鼓励是不可或缺的。

孩子登上领奖台，家长在台下鼓掌，或许这不是多大的事，可是家长的参与，却能展示出最棒的仪式感。孩子成长的过程，总有一些经历和体验，就像大海里的航标一样，一定要真实地存在，才会让成长变得完美。而孩子在领奖台上，最想看到的，不是金光闪闪的奖杯，而是家长台下的笑脸。

迎新年，让孩子感受年轮和时间的变化

快到元旦了，爱人这几天老是提醒我，赶紧和朋友阿宇联系，到时候参加他们俱乐部举办的亲子跨年活动。其实，我早已经跟阿宇联系过了，今年无论如何都要带女儿去跨年，听新年的钟声响起。

去年的这个时候，阿宇成立了亲子俱乐部，第一期活动就是亲子跨年计划。他说对孩子而言，生命中有仪式感的日子都应该郑重其事。当时，他问我有没有兴趣参加，我想都没想就拒绝了，其他节日可以让孩子参与，但是女儿才六岁，晚上早早就要睡下了，哪里能等到跨年钟声响？而且，自从有了孩子后，我都是窝在家里，陪着老婆孩子看看跨年晚会就好了。

阿宇当时还一再问我："你要不要考虑一下，作为朋友，我可以给你内部优惠价格，机不可失，失不再来。"我摆摆手笑着说："就是免费我也不会参加。"

虽然拒绝了阿宇的提议，回家路上，我还是不免暗自感叹了一番，时间

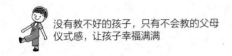
过得真快啊，一年又过去了。每日为稻粱谋，日复一日。面对匆忙的人生，早已失去欣赏风景的心境。

记得去年元旦前夜，我们一家三口窝在沙发里看跨年晚会。十点多的时候，孩子有些困了，爱人正想带孩子去睡觉。忽然她的电话响了，是妻弟的电话，电话里，妻弟让我们猜他现在在哪里。爱人开了免提，妻弟那边的声音很嘈杂，好像还有呼呼的风声，听不太清。后来听见他们说一家正在哈尔滨看冰雕跨年呢。

爱人在电话里嗔怪着弟弟，怎么去那么冷的地方？他们的孩子才五岁，就不怕冻坏了孩子。没想到，妻弟挂断了电话。我还以为妻弟生气了，但随后爱人的微信就传来视频请求的声音。视频一连接上，就出现了妻弟胖胖的儿子，小家伙穿着厚实的羽绒服，戴了一顶火车头帽子，面带笑容，挥舞着小手跟我们打招呼。

表弟的身影一出现，女儿精神来了，也不去睡觉了，要和弟弟说话。那边的小家伙就一边和姐姐聊天，一边把手机移动着，让姐姐看那边的冰雕、花灯，我们一家就围着手机，跟着小家伙的脚步看那边的夜景。手机那边的哈尔滨热闹非凡，到处都灯火通明，人山人海。大人孩子脸上都是一副乐哈哈的表情，放烟花的、卖小吃的、看冰雕的，小表弟竟还吃着冰棍。两边一对比，看得我们一家三口羡慕不已，连连感叹着应该也出去玩的。女儿还隔着屏幕要求弟弟回来给她带哈尔滨的冰糖葫芦，安慰她受伤的小心灵。

后来还听见手机里传来很多人的喊声："赶快来赶快来，等跨年钟声响起大家拍合影！"小表弟匆匆对我们说了一句"等会儿再说"就挂断了视频。女儿生气地把手机递给妈妈，我后悔地说："唉，早知道也带你们出去跨年了。"女儿说："爸爸你就整天知道写字，你哪儿懂什么跨年。"我反驳说："我还不是担心你晚上睡觉早，不然，我就答应朋友的邀约，出去跨年了。"爱人和女儿都不相信地看着我，说我是个书呆子，怎么可能想到带她们出去玩。我只好说："只要你保证能熬到跨年钟声响，明年就带你出去玩。"

没想到，女儿马上就做了保证。所以，今年我一定不能对女儿食言。听阿宇说，他们今年的亲子跨年计划在欢乐谷举办，景区还有灯光秀、歌舞表演，看完之后再到东湖游船上倒数，听钟声迎新年。听起来也还不错，回家跟女儿一说，她挺高兴的。过了一会儿，女儿竟然说出这样的话："爸爸，不管去哪里跨年都行，主要是在那样重要的仪式里，你和妈妈陪在我身边，我都会很开心。"

听女儿说出这样的话来，我的心底涌上一丝暖意。我在报纸上还看到其他的跨年活动，有去海洋馆的，有去木兰草原住帐篷的，也有去归元寺敲钟的，每个活动都觉得好。我还想起当年我和爱人恋爱期间，跨年去过的江汉关大楼，那栋大楼已经八十九岁了，正在著名的江汉路步行街的尽头。大楼身后就是滚滚的长江水。那是一座欧洲文艺复兴风格的建筑，在正方体的主楼上，有一座细细高高的钟楼。每到整点，就会播放世界名曲《威斯敏斯特钟声》，那音乐声与江上传来的汽笛声遥相呼应。

曾经我还想过，以后每个有纪念意义的日子，都要带爱人一起去听那钟声。可惜后来，我渐渐忘却了那些美好的愿望。

我很感谢我的女儿，是她纯洁幼小的心灵，唤醒我日渐冷漠的心，我会每年带着她去看最美的风景，陪伴她长大，找回自己那些曾经美好的愿望。

在今年的跨年夜仪式上，我将和女儿一起倒数，听新年的钟声响起。沐浴着钟声，迎接新一年的到来，将格外有辞旧迎新的意蕴镌刻在孩子的记忆中。

不仅是今年的跨年夜，在以后的每一年跨年，我都将陪着她。

第四章

热爱生活，从过好每个节日开始

比起那些成长时光里的琐碎日常，每年各种大大小小的节日，无疑是最有仪式感的日子。每个节日都有它的来历，每个节日都有去了解的理由，我们有理由带着孩子，好好地感受每一个节日，在节日中留下最真实、最热烈的成长体验。只要我们没有错过每一个节日，也就没有错过快乐的每一年，没有错过幸福的仪式感。

贴对联、看春晚、吃饺子，回家感受年的气息

今年春节从老家回来的路上遇到朋友阿杰，彼此问候春节快乐之后，他对我说："越来越感觉过年没有年味儿了，平时盼过年，可真到了春节却感觉没意思。"

一问才知道，阿杰的儿子今年两岁多，阿杰爱人担心儿子小，来回奔波辛苦，他们已经连续两年没有回父母家过年，一家三口留在自己的小家过年。整个年就是守在家看电视，偶尔想带孩子去公园玩，可一想到，到处都是人，也就却步了。所以，觉得过年缺少了年味儿，过年没意思。

其实，我在女儿出生那几年也有这样的想法，觉得孩子年纪小，体质弱，来回坐车辛苦不说，还容易水土不服，于是就没回老家过年，而是守在我们的小家里。但是，自从在孩子三岁那年带她回家过年之后，不仅女儿每到年关就念叨着要回爷爷家过年，我也盼着回老家过年了。

我第一次带女儿回老家过年，是孩子三岁那年的腊月二十九，因为车

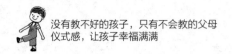
票实在是太难买了，排了好几天队，才买到了最后一天的票。当时觉得买票挺辛苦的，还为自己感动了一把，可回家后，知道父亲为我所做的事，就后悔那些年没回来了。邻居说，父亲知道我要带孩子回来过年高兴坏了，连着好几天出去买年货，大包小袋地往家拎，还逢人就说这个事。因为我们家是女孩，又特意让邻居的儿媳妇带着他买了几个女孩喜欢的玩具。临过年那几天，更是每天都往车站跑，人家告诉他还得几天回来呢，他却说想早一点见到我们。

父亲如此思念我们，我们却这么晚才回家，真有点对不住父亲了。其实，也有点对不住女儿，三岁了还没见过几回爷爷。每次在公园看到爷爷带着小朋友走，女儿都会眼巴巴地盯着我问，她爷爷怎么不带着自己玩，什么时候能看到爷爷。

我因为害怕舟车劳顿，竟然疏忽了祖孙情。而且，在乡下和长辈一起过年，对于孩子来说，才算得上真正意义的过年。

还好，我醒悟得早，及时补上了。大年三十那天中午，父亲做了一大桌我喜欢吃的菜，吃饭的时候，不善饮酒的父亲，非要陪我喝两杯，还给妻子和女儿倒了饮料，说好不容易过个团圆年，一定要举杯庆贺下。父亲那天很开心，女儿也很兴奋，吃完饭就跑出去和小朋友玩去了，直到我贴春联才回来。她很好奇，一直问我在干什么。我告诉她，这是春联，过年的时候都要贴，代表辞旧迎新的意思。

我还告诉她，这个对联是爷爷写的，让她看看对联上面写了什么字。

她瞅了半天只认得"天"和"人"字。我告诉她，爷爷写的是"天增岁月人增寿，春满乾坤福满门"，横批是"四季平安"。

然后，我又告诉涵予这幅春联的意思。至于为什么要贴对联，讲太深怕孩子记不住，就简化了细节，告诉孩子：很久很久以前，有一个叫"年"

的怪兽，它每到除夕这天，都会跑到人间作怪，破坏人们的房屋，吃掉猪牛羊，甚至还吃人。后来有个神仙告诉人们，这个怪兽害怕红色的东西，于是人们贴了红色的对联，还在家里升起一盆火，怪兽就不敢来了。后来这个习俗就一直传了下来。

女儿听得聚精会神，两只小眼睛连眨都不眨一下。听完故事，望着我说："爸爸，你怎么知道这么多呢？我也想和你一样，知道好多好多的故事。"

那一刻，我感到很欣慰，谁说孩子小不懂呢？他们小小的脑袋里，需要填充许多许多的未知事物。

那一个年我们过得分外尽兴，从那以后，每年快过年的时候，女儿都吵着回爷爷家过，说在城里过年没意思，爷爷家的年才更像过年。而一进腊月，我就要忙着抢车票，以便早一点带孩子回去。

这次听到阿杰的慨叹，又想到在老家过年的事情，我对阿杰说："要想感受到年味儿，还是带孩子回父母家过年吧。既安慰了父母盼团圆之心，又让孩子感受到传统年俗文化，一举两得，多好。"

阿杰听了我的话，觉得有点道理，说到了年底会好好和爱人商量。

一个周末，阿杰带着儿子来我家串门。两个小孩子一起玩，不一会儿，阿杰的儿子就嚷嚷起来。我们一问才知道，我女儿给阿杰的儿子说她吃过包硬币的饺子，阿杰的儿子一听就闹着也要吃。女儿说只有在爷爷家才能吃到那样的饺子。阿杰的儿子就吵着也要去爷爷家。

原来女儿还记着大年三十那顿年夜饭。每年过年，我们晚上的年夜饭都会吃饺子，那年过年，吃第一个饺子，我就咬到了一枚硬币。我大笑着说："哎呀，我运气真好，竟然吃到了硬币。"父亲也笑着说："希望你明年一年都有好运气哟。"女儿惊异地看着我从饺子里夹出一枚硬币，说："爸爸，为什么我没有，我也要好运气。"

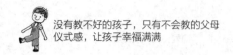
父亲连忙哄着她说："我孙女一定也有好运气的，不信，你也赶紧吃一个饺子看看。"涵予果然在吃第二个饺子的时候，吃到了硬币，她开心地吃了小半碗饺子。

我没想到，仅仅带孩子回老家过几次年，家乡过年的情景，就像仪式一样深深地刻在了孩子心里。带孩子回老家过年，让孩子体会年味，不就是一种仪式感吗？年代表着幸福，团圆，和和美美，带孩子回老家过春节，不就是把这些幸福的瞬间，幸福的定义深深刻进他们的心里吗？

看女儿对在老家过年的描述，和他儿子对回爷爷家过年的向往，春节的时候，阿杰果然带儿子回父母家过年了，年后回来，他家儿子就迫不及待跑来和我女儿显摆。两个小家伙在一起说过年习俗，竟比我们知道的还多。

听着两个小孩子在那说过年的事情，我忽然想到等我们老了，我们的孩子是否也像现在的我们一样，我们会不会像自己的父母那样，天天期盼着孩子们回家过年？

其实，母亲走后，我就很少回家过年。记忆中，父亲已经很久没有笑过了。那年除夕，吃过饺子，父亲又在茶几上摆满果盘，看看墙上的钟说："快八点了，你们快来坐下，看春晚。"

看春晚可是一个固定的节目，母亲在时，每年都会准时看春晚。所以，等爱人收拾好碗筷出来，我忙招呼她和孩子一起陪着父亲坐下来看春晚。也许是父亲脸上的仪式感影响到了女儿，小涵予很听话地坐在爷爷旁边。

往常，我总喜欢刷手机，但是只要三十晚上看春晚的时候，我就会放下手机，陪着父母看春晚。大学时期，有一年看春晚时我玩手机，父亲冲我发脾气："一年到头一个手机都丢不下。"母亲也对我说："你们年轻人天天玩手机，什么时候能像陪手机那样陪陪父母？"

平时，我们都忙学习忙工作，连回家陪父母吃顿饭都很少。难得春节回家陪父母过年，也放不下手机。从那时起，每到除夕晚上看春晚，我就放下手机，安心陪着他们。

大年初一早上起来，我就喊女儿去给父亲拜年。我拿了一个沙发垫子，放在客厅地板上，让女儿给父亲磕头。女儿说："爸爸，你为什么不给爷爷磕头拜年。"一语惊醒梦中人，我跪在垫子上，给父亲磕了头："爸爸，儿子给您拜年。祝您身体健康！万事如意！"抬头那一瞬间，看见父亲眼眶湿润了。我忽然想起，自己已经好多年没有给父亲磕过头了。

女儿学着我的样子，跪在地上给父亲磕了头说："祝爷爷新年快乐，恭喜发财！"父亲连忙掏出三个红包，笑着对我们说："好好，也祝你们新年快乐。"

临离开家的时候，父亲对她说："宝贝，什么时候再来看爷爷？"女儿说："爷爷，以后过年我都来陪您。"

从那年开始，女儿经常问我："爸爸，什么时候过年啊？怎么还不过年呢？"开始我以为她不过是因为过年能穿新衣服，拿压岁钱。后来才知道，女儿是想念爷爷，想念在爷爷家里过年的感觉。

当我们抱怨年味儿越来越淡的时候，其实，是我们没有把传统文化都表现出来，也许是嫌麻烦，也许是看淡了传统文化。但是，只有回到父母的家，才能看到文化的传承。那些过年的习俗仪式，一样都不能少的表现出来，才是真正的过年。

现在，女儿已经学会唱过年的童谣："小孩小孩你别馋，过了腊八就是年；腊八粥，喝几天，哩哩啦啦二十三；二十三，糖瓜粘；二十四，扫房日；二十五，冻豆腐；二十六，炖猪肉；二十七，宰公鸡；二十八，把面发；二十九，蒸馒头；三十晚上熬一宿；初一、初二满街走。"

要想让孩子了解过年的仪式感，真的要带孩子回老家感受过年的气息。

元宵节，你是吃汤圆，还是吃元宵

正月十四那天，女儿放学回来就对她妈妈说："妈妈，我们家什么时候包元宵？今天老师教我们包元宵了，我也要帮你包。"

我爱人从冰箱里拿出刚从超市买回来的一袋汤圆给孩子看："喏，我们不用包，我在超市里买了汤圆。"

女儿一看就嚷了起来，老师说元宵节要吃元宵，不是吃汤圆。爱人说："我们从小到大都吃汤圆，你看这袋子上写的也是汤圆。你们老师教错了。"孩子说，一定是妈妈错了，老师不可能教错。母女两个争论不休，让我裁决。

听完两个人的争论，我对女儿说："那老师怎么跟你们说元宵节的来历呢？"女儿说："在很久很久以前，有一只神鸟迷路落到凡间，被一个猎人给射死了。玉皇大帝很生气，要天兵在正月十五这天，到凡间来放火烧死人们。玉皇大帝的女儿很善良，她就跑来告诉人们。让人们在十五这天，挂起红灯笼，放烟花，点爆竹，这样，天兵就以为人们都被火烧死了。到了那天，人们都这样做，果然骗过了天兵。后来人们为了纪念那位仙女，就在十五这天，挂灯笼、放烟花、点鞭炮。吃元宵了。"

女儿说完，我又问爱人："那你也说一说吧。"爱人说："从前有个宫女叫元宵，她包的汤圆最好吃，所以她就被皇帝招到皇宫里，专门给皇帝包汤圆。可是，这个叫元宵的宫女很想念父母，她遇到一个叫东方朔的人，这个人是皇帝面前的红人。东方朔就帮她想了个办法，告诉皇帝说天帝要来火烧人间，叫元宵多包一些汤圆给天帝吃，然后让人们到处挂起红灯笼，让老百姓都进城来观灯，就能躲过灾难了。于是，那天皇帝命令全城挂红灯笼，老百姓也可以进城看灯，叫元宵包了很多汤圆。元宵的父母和妹妹一进城，看见灯上写着元宵的名字，就大喊元宵元宵，终于一家人团圆了。后来，人们就把汤圆也叫元宵。到了十五这天，都去看花灯。"

听完母女两个的说法，我终于发现爱人说的"漏洞"："咦？你要说的不应该是汤圆吗？说到最后变成元宵了？照你这个说法，元宵和汤圆就是一样的？"爱人想了一下，也感觉自己好像哪里不对。

我又对女儿说："你们老师讲的故事，好像只能说明正月十五闹花灯、猜灯谜的由来，里面没有元宵啊？"

这母女俩顿时都呆住了，谁也说服不了谁，都把眼睛看向我。其实，我长这么大，也和爱人一样，一直以为元宵是汤圆，汤圆就是元宵。忽然，我想到应该去百度一下啊。

在网上一搜，有的说汤圆和元宵是同一种食品，只不过南方称汤圆，北方称元宵；但是，也有说两种食品不是同一个，做法不同。汤圆是煮着吃的，元宵是炸着吃的。可是，在我的印象里，我们从小吃的汤圆，既可炸着吃，也可煮着吃啊。而且，我们武汉应该不是南方，那为什么要叫汤圆呢？

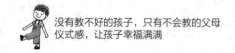
第二天就是十五，我们全家去东湖观灯。路上遇到朋友阿伟，他们一家三口也出来观灯。我忽然想起，阿伟在北京待过几年，他一定知道北方的元宵是什么样的。

果不其然，阿伟告诉我，老北京吃的元宵和我们武汉吃的汤圆做法不同。我们吃的汤圆是用糯米粉包各种甜馅料做成的，而北方的元宵是把馅料蘸上水放到粗糙的江米面中摇成的。元宵馅第一次与糯米粉碰撞接触，称为撞馅。接下来需要把沾满粉子的元宵馅铲出，过一遍水，再投入到元宵机中，称为二水。一般好的元宵需要经过五水才能算完成。元宵是老北京的名吃，从清朝传下来的。

这么一说，那我们武汉吃的就应该叫汤圆，不叫元宵了。可是，女儿仍是一副不相信的模样，她觉得老师说的是元宵就是元宵，老师还教他们唱一首儿歌：

"元宵好，元宵妙。

元宵好吃呱呱叫，

赏花灯，猜灯谜，

欢天喜地闹元宵。"

看女儿不开心，我告诉孩子，老师也没有错，不管是汤圆还是元宵，都是我们中华民族的传统文化，老祖宗传下的元宵节文化，而且不管吃汤圆还是吃元宵，只要和爸爸妈妈在一起，就是幸福的。顺便我也教了她一首儿歌：

"正月里来正月正，

正月十五挂花灯，

耍狮子，舞大龙，

圆圆的汤圆碗里盛，

你一口，我一口，

甜美的生活好心情。"

东湖边挂满了花灯，到处一片灯火辉煌。我拉着女儿，让她去猜灯谜："麻屋子，红帐子，里面住个白胖子。打一食物。"这个简单，孩子一下子就猜出来是花生。

每到这时，我都会对孩子说："宝贝，你太棒了。"遇到孩子猜不出的我就帮她，一晚上竟也猜出不少，她兴致越发高涨，竟不舍得回家。后来，我答应第二天晚上还来，她才依依不舍地离开灯谜现场。

自从有了女儿后，为了让孩子对我们的传统文化有认识和传承，我渐渐重视起仪式感来，同时，我越来越多地想到我的父母。他们在我小的时候，带给我那些珍贵的仪式感，那时的幸福和快乐，与我今天给我女儿带来的仪式感，是相同的。

有人说，带给我们仪式感的人，往往是真正爱你的人，凭着这爱意，创造出了多少美好的时刻。父母带给孩子的家庭幸福感，远胜于物质的满足和学业、事业上的成就。因为，它能给所有家庭成员留下的回忆和带来的幸福感是源源不断的，不会因生活的变化而改变。

我希望我的女儿不管到什么时候，回忆与父母在一起的时光，都会如我此刻想起我的父母一样，是幸福的。

在三月的春天，合力种下一棵希望树

傍晚，我在楼下遇到对门邻居一家人。肖林五岁的儿子晨晨拎着一个小塑料桶，我还没问他们去哪儿，小家伙就冲我说："叔叔，今天我们要去种树了。"

"是吗？晨晨真棒！都会跟着爸爸妈妈种树了。"听到我的夸奖，晨晨更得意了："叔叔，告诉你一个秘密，我种的那棵树跟我的名字一样，也叫'晨晨'"。听到这话，我看见肖林和他爱人两个都笑了。我知道，他们一定是帮儿子种下了一棵希望之树。

就在我转身的时候，没想到小家伙又冲着我大声说："叔叔，告诉小姐姐，我以后再也不折断小树了。"我不禁回头冲晨晨竖起了大拇指，然后大声回答他："好。"

晨晨的话让我想起前几天的事情，小区里一帮孩子在楼下草坪上玩。我女儿发现一棵小树长出了一节新芽，就高兴地喊小伙伴们来看。于是，一群孩子都围着那棵小树，叽叽喳喳像一群小麻雀似的。忽然，晨晨伸出小手，一下就把那一节新芽给掐了下来。这一下，其他孩子不干了，都七嘴八舌开始批评晨晨。尤其是我女儿，因为是她最先发现的小树绿芽，她特别生气，不仅哭了，还伸手推了一把晨晨。晨晨一屁股坐到了地上，也大哭起来。后来晨晨的爸爸肖林赶来了，才平复了这场纠纷。

看来，今天晨晨不仅跟着父母去植树，还从父母那里学到了很多知识，知道要爱护树木，也认识到了自己的错误。

每年三月，万物复苏，许多父母都会带着孩子去植树。既能踏青，带孩子呼吸春天的气息，又能增加亲子关系，还能顺便给孩子讲讲植树知识，让孩子懂得爱护花草树木，可谓是一举多得的好事情。

在我的亲朋好友里，我妹妹是最注重孩子早期教育的。尤其重视仪式感。在小外甥甜甜过一岁生日那天，妹妹就带着孩子去种下了第一棵以孩子名字命名的树。此后，每年植树节都带着孩子去种下一棵树，至今已经种下五棵树了。甜甜每次都数着手指头，盼望着早点去看望自己栽下的树苗，还和树比谁长得快。

去年妹妹带着孩子来家里玩时，甜甜就在我女儿面前显摆："姐姐，你知道为什么植树节要在三月十二日吗？"我故意问他："那你告诉我们，为什么植树节要在这一天呀？"

小家伙就讲开了：因为有个大总统叫孙中山，他当总统后才设立了林业部，颁布了《森林法》，号召大家多植树。后来他死了，人们为了纪念他，就把他去世的那天定为植树节。因为他是在三月十二日去世的，所以植树节就规定在三月十二日这一天。

我禁不住为小家伙鼓掌，忽然，我女儿大声问道："那你知不知道为什么要种树呀？"看来大两岁的姐姐也不甘示弱。没想到，这个问题没有难住

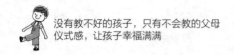
甜甜，小家伙说："我当然知道啊，种树是为了保护环境，不让水土流失，给我们制造呼吸的氧气。"

"还有呢，我们用的铅笔、作业本纸张都要用到树木，我们吃的水果，都是果树上长出来的。还有盖房子、一次性筷子都要用树木。"姐姐为弟弟补充了这么多。

听着两个孩子你一言我一语比赛似地说着，我们都不由地笑了。孩子就像那一棵棵种下的小树，需要父母细心呵护和培养，才能苗壮成长。

作为父母，我们有责任告诉孩子，要爱护环境，爱护地球，就要从爱护一草一木做起，珍爱大自然给予我们的生存环境。

这些年，越来越多的人注重环境保护，不仅政府提倡，每年许多单位都会在三月组织植树活动，而且都会举行隆重的启动仪式。有的人认为这些活动不过是个仪式，没有实质性的作用。但是，我觉得有这样的仪式感，就会在孩子们的心里留下印记，不要小看孩子，他们会觉得是很重要的事情。

其实，古人在很早以前就已经意识到爱护环境的重要性，虽然古代没有以法律形式明文规定植树节日。《礼记》有言："孟春之月，盛德在木。"早在五帝时代，舜便设立了九官之一的"虞官"，处理全国的林业事务。

古代一般植树时间在清明节，因为清明前后，自然条件适宜，种植树苗成活率高，成长也快。渐渐地，就形成了清明植树的习俗。最早，在秦始皇统一中国的时候，就曾下令在道路两旁栽树做遮阴之用。到隋炀帝时期，他下令开河挖渠，诏令民间种植柳树，每种活一棵，就赏细绢一匹。而到了宋太祖时期，就根据种了多少树给百姓划分等级，还下令凡是垦荒植桑枣者，不缴田租；对率领百姓植树有功的官吏，可晋升一级。如此一来，大大提高了民众的植树热情。

俗话说："前人栽树，后人乘凉。"我们现在享受的环境，也是前人给我们制造的，自然资源并非取之不尽，用之不竭，如今丰富的资源正在慢慢消耗殆尽。很多城市雾霾严重，沙漠面积在扩大，为了远离雾霾，远离沙尘天气，为了我们的家园，为子孙后代着想，每个人都应该为环境保护尽一份微薄之力。

我们现在带领孩子多种树，教育孩子爱护环境，不仅仅只是个仪式，也不仅仅只是让孩子知道植树的重要性，而是为了让孩子在更健康的环境中生存，让地球的明天更加美好。

过好五一劳动节

前几天在路上遇到高中同学刘东，聊了几句，临走时，他忽然问我："马上就五一了，你准备带孩子去哪儿玩？"

我愣了一下，说："还没考虑这个问题呢，一般都随便带孩子转转。"刘东说："那你就不要考虑了，跟我一起，到时候听我安排。"看他胸有成竹的样子，我就答应了，反正我也没有更好的想法。

每年的五一劳动节，很多父母都会带孩子出去旅游。但是，每年这个时候，高速路上都是车辆大排长龙，一堵几个小时很常见，最令人担心的还是交通安全问题。

我不喜欢在节假日带孩子出行，通常就是找个周边近点的地方，带孩子去转转就行了。既然老同学有安排，权且跟着看看有什么新意。

五一早上，刘东开车来接我们，两家人挤了满满一车。刘东的儿子比我女儿大两岁，今年八岁，看上去是个很懂事的小男子汉。两个孩子见过几次，也算小伙伴了。上了车，我就问刘东，怎么安排的。

刘东一边开车一边告诉我，去他父母家过五一假期。刘东的父母退休后，就到郊区租了几十亩地，过起了自给自足的田园生活。他早就想带儿子亲自去体验一下田间劳动。说话间，刘东问我女儿，有没有捉过虫子？见没见过大白鹅？喂没喂过羊？我女儿听得瞪大了双眼，满怀期待，恨不得马上就飞到目的地。

经过两个小时的车程，终于到了目的地，刘东的父母知道我们要来，已经在忙碌了。东父在杀鸡，东母在菜地里拔菜，两个孩子吵着要去看鸡、看羊、看大白鹅。刘东的父母不仅种了各种蔬菜，还种了好多果树：梨树、桃树、杏树、橘子树，东父说果树过两年就可以挂果了，到时候你们来都有新鲜的水果吃。

刘东把两个孩子叫过来，让他们到菜地里认识蔬菜。两个孩子惊奇地看着平时只有超市才卖的黄瓜、卷心菜、莴苣、蚕豆、白菜等等，才知道蔬菜是这样长出来的。

孩子们高兴坏了，争先恐后地认着各类蔬菜。我们给两个孩子一人一个小篮子，爸爸们教孩子摘蚕豆和黄瓜，妈妈们教孩子剥蚕豆，两个孩子干得可欢实了。中午吃着自己摘的菜，孩子们吃得那个香甜劲儿，真让大人们高兴。

下午，我们带着孩子们在果园里锄草，顺便挖荠菜，晚上做荠菜饺子。妈妈们挖荠菜，爸爸们锄草和教孩子认识荠菜。两个孩子一会儿就能辨别杂草和荠菜，还比赛看谁挖的荠菜多。

晚饭后，夜色笼罩下来，满天繁星闪烁，两个孩子欢快地坐在院子里数星星。大人们坐在院子里喝茶，刘东趁机给孩子们讲五一劳动节的由来，愉快的一天就这样过去了。

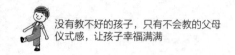
第二天，孩子们早早就起来跟着刘爷爷去喂羊、喂鸡、喂大白鹅，两个孩子还主动帮忙去给蔬菜浇水。

傍晚，我们带着大包小包的新鲜蔬菜返回，路上，我女儿就问："爸爸，我们什么时候再去看大白鹅呀？"刘东的儿子说："爸爸，我答应爷爷暑假要来多住些日子。"

看来，两个孩子都喜欢上了这里。以前，我以为孩子小，不会劳动，也没想过让她参与劳动。其实，五一劳动节是最好教育机会，让孩子懂得劳动最光荣，培养他们热爱劳动的好习惯。

假期过后第二天，女儿回来就给我看作业本，上面有她写的日记，虽然有好多字都不会写用拼音代替，但老师批了大大的一个"优"。我一看，原来孩子把五一假期的经历都完整地写下来了。

我很感谢我的老同学刘东，带给我和我的孩子一个不同的五一劳动节，让这个普通的节日比往年更具有仪式感。

我们不能陪孩子一辈子，可是，我们可以教会他们生活的能力，教会他们制造幸福的能力，就是让平淡的日子充满仪式感。我记得《小王子》里有这样一句话：仪式是什么？仪式就是让某一天与其他日子不同，让某一个时刻与其他时刻不同。

培养孩子仪式感，就是培养孩子用心对待生活，哪怕很小的事情，也能让平淡的日子更有味道和意义。

后来，我从朋友那里得知，五一劳动节，有很多单位都组织了活动。共青团组织了去福利院慰问老人们，有的公园举行放风筝比赛，有环湖骑行比赛等等。看来，是我太孤陋寡闻了，明年一定要带孩子参加新的活动，让她对每一个日子都产生新的感受。

小区门口挂了牌子，原来小区物业管理处也在组织业主们开展活动。大人们的拔河比赛，小区幼儿园的孩子们还准备了节目。

越来越多的人开始重视仪式感，因为充满仪式感的日子就像给生活添加了调味料，让平淡的生活充满幸福感，也让无味的生活充满快乐。

培养孩子的仪式感，就是教会他们创造生活的惊喜，这会让孩子们更快乐。而我们在带给孩子快乐的同时，也让自己的人生更加丰富多彩。

过一个有意义的国际儿童节

孩子们最重视的节日当然是六一国际儿童节，其他的节日他们可能不记得，属于自己的节日一定是心心念念都在盼望的。而且这个节日也是国际性的节日。

儿童节，一般学校里都会让孩子们组织一场表演，跳舞、唱歌等等；有的学校通常还会在表演中宣布一批优秀孩子加入少先队，孩子们站在舞台上宣誓，带上鲜艳的红领巾，心中的自豪感油然而生。相信每个孩子都会记住这个难忘的时刻，这个难忘的仪式。

大部分家长在孩子过六一儿童节的时候，一般都是买个玩具，或者带孩子去吃肯德基、麦当劳，或者逛公园、游乐场等等。但也有一部分家长，会注重对孩子知识的培养，带孩子去海洋馆、动物园、植物园，能开阔孩子眼界，增长知识的地方。

不管哪种方式给孩子过儿童节，都可以，但是家长最好根据孩子的年龄，带孩子用不同的方式过节，让节日的仪式感更强、更有意义。

阿勇是个很重视培养孩子仪式感的人，他有个七岁的女儿潇潇，非常聪明。上小学一年级，恰逢六一儿童节这天，她加入少先队。阿勇早早就跟着孩子去了学校，跟着孩子全程拍摄，不仅把女儿表演节目的每一个画面拍了下来，还把加入少先队的整个仪式定格在画面上。看到阿勇发的朋友圈，浓重的仪式感中，满满都是父爱。

当然，阿勇还给女儿的同学们拍了很多照片，回来后，阿勇把其他孩子的照片发在家长群里。那些没有去参加孩子活动的家长看到，都称赞阿勇是个好爸爸，还表示要向阿勇学习，不能错过孩子成长的每一步。

其实，我知道，阿勇不仅仅对孩子做了这些。他还在儿童节的当天下午，带着女儿潇潇去了孤儿院。阿勇和爱人把孩子小的衣服清洗干净，整理好，带着潇潇去送给孤儿院的孩子们。除了衣服，还送了女儿不看的图书和不玩的玩具，让孩子与那些孤儿在一起度过了整个下午。

阿勇说那些孤儿有很多都是有残疾，才遭到父母的遗弃，潇潇刚开始看到那些身患残疾的孩子，有些害怕。当阿勇告诉她，那些孩子和她一样也渴望像潇潇一样，有父母疼爱。可惜，他们的父母不要他们了。潇潇哭了，她说："这些孩子太可怜了，他们的爸爸妈妈为什么生下他们，却又不管他们呢？"

潇潇自从去过孤儿院后，在家里不挑食了，也不浪费了，以前不要的东西都扔掉，现在只要是没有坏的都舍不得扔掉，要留着给孤儿院的孩子们。阿勇对孩子进行这样的教育，让孩子有爱心，懂得帮助他人，非常有意义。

还有位朋友陈哥，去年的六一儿童节，他带着五岁的儿子，把孩子看过的图书和不喜欢玩的玩具，整理了几箱子。然后用车载到文化广场，摆了一圈，竖起一个纸板，上面写着"物品交换"，让儿子坐在那和其他孩子

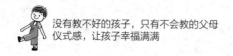
交换。

开始没有几个人理会他们，后来有些小孩子看中了玩具，有的人以为他们是卖二手货的，问明不卖只交换，渐渐地，人就围了上来。陈哥趁机向那些带孩子出来玩的家长表达自己的想法：现在的孩子都是独生子女，孩子想要什么家长都舍得买，但是，那些图书孩子看过两遍都不会再看了，有了新的玩具旧的就不喜欢了。这些东西都还很好，扔掉太可惜了，放在家里又占空间。而且，这种交换的方式，不但能教孩子不要浪费，又能换到新的图书和玩具。

陈哥的想法得到大家的理解和认同，一上午就带动了好几个家长，回家去把孩子不玩的玩具和看过的图书拿过来交换。

半天时间，陈哥他们带去的东西全部交换出去，儿子换到了好多喜欢的玩具和图书，比买了新玩具还开心。陈哥的儿子还和两个同龄的小朋友互留了联系方式，约好下次再一起来交换物品。

让孩子过一个有意义的六一儿童节，不在于家长舍不舍得花钱，而在于家长用不用心去做。就像这两位家长，根本不用花钱，就让孩子不仅过了一个有意义的儿童节，还非常有意义，更对孩子今后的成长起了重要的作用。

当然，有仪式感和有意义并不仅限于这两种方式，家长还可以带孩子去图书馆看书，增长知识；稍大点的孩子，家长领着去批发一些玩具售卖，体验父母赚钱的不易；还可以带孩子去偏远山区献爱心，给乡村学校送图书。方式很多，就看家长们怎样选择适合自己孩子的方式，让孩子过一个有意义的六一儿童节。

有时候，仪式感并不是一个笼统的概念，它其实只是一种感觉，一种某一时刻涌上心头的感动，有时候是刹那间的幸福感。我相信，只要家长用心对待孩子成长中的每一步，就能带给孩子很多的感动和很多的仪式感。

中秋节，读懂团圆的意义

天上月圆，人间团圆。中秋节是仅次于春节的一个传统节日，中秋节人们大多都会带着孩子回家看望父母，一家人赏月吃月饼，其乐融融。

楼上有一对小两口，这几年中秋节他们都会把双方父母接过来一起过节。因为他们都是独生子女，回哪一方父母家过节，另一方父母就要抱怨，这个办法两全其美。

虽然他们家房子不大，两家父母来了还要睡客厅。但是，两家父母都没有怨言，他们说只要能和孩子团圆，条件差点也能将就。

有一天，我遇到男主人贺聪，才知道这主意是他七岁的儿子琦琦想出来的。原来，贺聪在给琦琦讲中秋来历时，教他读了不少关于中秋的古诗。不知当时的贺聪因为想念故乡和父母了，还是因为无意识的连教了儿子几首都是伤感的诗，讲着讲着，贺聪突然潸然泪下。

那时候琦琦才五岁，琦琦就问爸爸是不是想念爷爷奶奶了，然后就说我

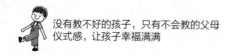

们可以买了月饼给他们寄回去。贺聪说，爷爷奶奶也想念孙子，想看到我们，月饼代表不了心意。琦琦就说那我们就依次去看望爷爷奶奶和外公外婆。

可是，贺聪说中秋只有两天假，回一家都够紧张了，哪能回两个家？琦琦想了想向贺聪建议，可以给他们买机票，让四个老人一起来过中秋节。贺聪一想是个好主意，跟两边老人一沟通，老人们也愿意。于是，这个团圆的难题就解决了。

每到中秋节那天，琦琦一天能楼上楼下跑好多趟，整个楼道里都能听见他高兴的声音，一会儿喊爷爷，一会儿叫外婆。四个老人也相处和睦，一起带着孙子逛商场、去公园。家庭的团圆给孩子带来更多的快乐，我想贺聪夫妻的实际行动也教会了孩子懂得孝道。

朋友王刚教育孩子，一般都是给孩子买书，让孩子从中了解中秋。他的女儿能背下有关中秋百度词条的所有文字。比如：中秋节时在农历八月十五，因其恰值三秋之半，也有些地方将中秋节定在八月十六。中秋节又称月夕、秋节、仲秋节、拜月节、团圆节等。中秋节始于唐朝初年，盛行于宋朝，中秋节与春节、清明节、端午节并称为中国四大传统节日。

当然，她女儿也会背很多关于中秋的古诗，但我听王刚说，他已经好几年都没回父母家。最多就是在中秋节给父母打个电话，每次父母叫他们回去过节，他都说自己很忙，没时间回去。

那些书本上的知识，虽然孩子能记住，但未免有些生硬。孩子不一定都能理解，我觉得还是应该用实际行动来让孩子理解中秋团圆的意义。

我们一般过中秋节就是赏月、吃月饼，但在古代，人们的仪式很多，也很隆重，古代文人经常在中秋召开诗会，祭月、赏月、拜月、吃月饼、赏桂花、饮桂花酒等。有的地方到现在还保留这些仪式，而大多数地方却只保留简单的吃月饼和赏月。

去年中秋，我们三口之家回到老家，和父母在一起度过。我和爱人在厨房帮着我母亲做菜，我父亲在客厅里教女儿做橘子灯。爷爷教的细心，孙女学的耐心，把一个个金黄的橘子剥开，掏出果肉放在盘子里，然后再把橘子皮剪成花瓣型，最后把点燃的蜡烛放在橘子皮花瓣里，一盏橘子灯就做好了。

当我们坐在院子里，我父亲给女儿讲中秋节的故事，女儿抢着说爸爸已经给我讲过《嫦娥奔月》的故事了，我都会讲了。我父亲疼爱地说："那好，你给爷爷讲一遍吧。"等女儿讲完了，我们都拍手称赞，我父亲说："我给你讲个你不知道的传说吧。你抬头仔细看月亮，里面是不是有一棵挂花树？"女儿仔细观察了一会儿，点点头说，好像里面有棵树。

我父亲就说那棵树下还有个人，那个人叫吴刚，他本来已经修道成仙，可是，后来犯了天条，被玉皇大帝罚到那里砍树。什么时候把树砍倒就可以回天宫，但是，那棵树永远砍不倒，因为他每砍倒一次，那棵树就会自动长好。

女儿听得聚精会神，葡萄架上挂着几盏女儿和爷爷一起做的橘子灯，月亮的清辉撒在我们身上，我们品尝着月饼，女儿唱着歌谣，那一刻，我觉得这就是最幸福的时光。

偶尔，因有事不能回去和父母一起过节，我都事先买好月饼，再三叮嘱妹妹一家在过节那天回去陪父母。我也会在当天打电话回去向父母问候，并要求女儿跟爷爷奶奶说话，或者，我们用视频和父母一起过节。

某天，经过万达广场，我看到有商家招揽顾客报名中秋节做月饼的活动，上面说顾客自己做的月饼可以带走。我忽然有了个想法，明年我要带女儿参与，学会自己动手做月饼。这样，等我们再回家过中秋的时候，我就能和女儿一起为父母做一次月饼。我想这样的仪式，对我、对女儿都将是一次

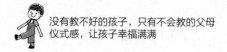
难忘的经历。

中秋节是以月之圆喻人之团圆，人们在这个节日思念故乡，思念亲人之情，当然也有祈盼丰收和幸福的意涵。我想这就是这个节日成为我国丰富多彩、弥足珍贵的文化遗产的原因，希望每个做父母的都不要怕麻烦，不要省略掉节日的仪式，应该借助节日的仪式，让孩子领会团圆和孝道文化的传承和意义。

国庆节，看五星红旗迎风飘扬

昨天接到妹妹电话，说马上十一国庆节了，要带孩子去北京天安门看升旗仪式，问我要不要带女儿一起去。我已经有了工作安排，抽不开身，只好谢绝。

巧的是，晚上又有一位朋友相约，也是想在国庆节带孩子去天安门看升旗仪式。我只好再次婉言谢绝，手头上的工作不能再拖下去，没想到，电话刚挂断，女儿就跑出来抗议了："爸爸，我们好多同学的爸爸妈妈都要带他们去首都看升旗仪式，我也想去，你为什么不带我去？"

我连忙跟女儿解释："前年国庆节的时候，我不是带你去黄鹤楼看过升旗仪式吗？爸爸已经答应别人要完成手头的工作，不能说话不算话啊。"

"在黄鹤楼看升旗仪式和在天安门看能一样吗？那可是我们国家的首都。"女儿噘着小嘴，我好说歹说，答应明年国庆节一定带她去，又拉了钩才算平息这件事。

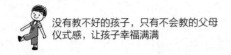

其实，往年的国庆节大多连着中秋节，国家都会放个小长假。很多人都是利用这个小长假，带着家人孩子出去旅游。当然，顾名思义，国庆节是我们国家成立的日子。但是很多人都把国庆节当作出去旅游的节日，寻思该去哪里游玩，忘却了国庆节的本质其实是个纪念性的节日。

但这两年，好像越来越多的人开始重视起这个节日了，特别是年轻的父母，重视对孩子的教育，就想利用这个节日对孩子进行爱国主义教育，而观看升旗仪式就是最简单和最有效的方式。

国庆节当天凌晨六点，我拿着手机跑到女儿床前叫醒了她。孩子迷糊之中，忽然听到表弟喊她的声音，她睁开眼睛一看，手机里正是天安门广场。孩子马上掀开被子坐了起来，激动地盯着手机屏幕，我和她一起通过手机观看升旗仪式。

听妹妹说当天的升旗仪式是六点十分，我就和她商量，让他们在天安门升旗仪式现场和我视频，让女儿通过视频感受现场的气氛。从视频里，我们看见升旗台四周人山人海，有三分之一都是小学生，人人手里都举着一面小红旗。

两排武警战士扛着枪，两名战士端着鲜艳的五星红旗走向升旗台。六点十分，升旗仪式准时开始，国歌的音乐声响起，随着五星红旗冉冉向空中升起，现场的人们高声唱起了国歌，我和女儿不由得也一起低声跟着唱起来。在那一刹那，心底的自豪感油然而生，竟有些热泪盈眶。

有现场记者报道，国庆节当天有十一万人在天安门观摩升旗仪式，很多外地游客前一天晚上就在天安门广场打地铺睡觉，就为等早上观看升旗仪式。

陪孩子从手机上观看了升旗仪式，我忽然想带孩子出去转一转，毕竟是国庆，应该过得更有意义些。

路上看到有卖小国旗的，给女儿买了一个，然后我们去了首义广场。首义广场在武昌阅马场，有辛亥革命武昌起义军政府旧址，广场前面屹立着孙中山的铜像，有地下通道直通黄鹤楼，湖北剧场、辛亥革命纪念馆等等都在这里。我领着女儿边走边跟她介绍辛亥革命和孙中山。然后，我们又去了廉政文化广场，那里有中共五大会议旧址。与别处的喧嚣不同，五大会议旧址掩映在绿树丛荫中，无比静谧。来这里参观的游客不多，我带女儿拜谒了陈潭秋烈士的遗物展览和旧居，让孩子接受一次革命历史教育。

听说国庆节期间，金银潭大道路边和常青花园居民住宅楼的外墙上挂满了鲜艳的国旗，我们特地经过那里看一看。没想到除了居民楼上，路边的树上也有许多五星红旗飘扬，路上，我们还遇到一些路人站在那里拍照，我给女儿也拍了几张身后都是五星红旗的照片。但是，她跟我说："爸爸，我还是想像弟弟那样，在天安门广场和五星红旗合影。"

看来女儿的心结还没有打开，我正想着怎么安慰她。她又说："北京是我们的首都，只有首都举行的升旗仪式才是真正的仪式，而我作为一个中国人，一定要亲眼去看一次才行。"女儿的话让我想起自己小的时候，也曾有过去天安门看升旗仪式的梦想，可是，这么多年过去，为生计奔波，早已忘记了这个小小的梦想。

本来以为在哪里看升旗仪式都是一样的。可是，孩子说的话让我无话可说，于是，我向女儿承诺，明年国庆节，我一定带她去北京天安门广场看升旗仪式。

路边商铺传来了歌声："我们祝福你的生日我的中国，愿你永远没有忧患永远宁静……"我拉紧孩子的小手，内心升起一种对祖国的感恩之心。这样的节日，我们应该告诉孩子，在享幸福时，要满怀感恩，对国家感恩，缅怀革命先驱。

妹妹从北京回来后，专程带小外甥来看我们，给女儿带了北京特产全聚德

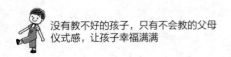
烤鸭和北京八大件特色糕点。但是，女儿感兴趣的依然是升旗仪式的细节，小外甥也不厌其烦地讲述了很多遍，我能听出来小家伙话语中的自豪感。

我想，每个父母都应该带孩子去一次天安门，让孩子去亲眼观看一次升旗仪式，看五星红旗飘扬在北京的上空。国庆节的意义就在于此，在于孩子心中的那份自豪感。

第五章

正面引领，让孩子过好每一天

　　孩子，我不奢求你永远是第一名，也不指望你多么优秀。可是，我希望你是个有教养的孩子，你或许跟大多数孩子不一样，甚至无时无刻不带着一点傻气，这一切的一切都没有关系。我只要你善良、诚恳、勇敢，我只要你是个懂礼貌的孩子，你就是我最大的骄傲。而你的教养，也是成长最美的仪式感，必将在岁月中熠熠生辉。

告诉孩子交往的礼仪，是先记住对方的名字

名字作为人际交往的符号，是一个人的专属名片，每个人都有自己的名字，我们与人交往的时候，总是第一时间介绍自己的名字，以便对方认识你，记住你。但是，在孩子和小朋友交往时，你会第一时间告诉孩子记住对方的名字吗？

孩子在美术培训班学画画，每次我都会去接她。有一天，我赶过去接她，听到一个小姑娘和爸爸的对话。小朋友说："爸爸，我们今天班上又来了一个小朋友，非常好，我们现在已经是好朋友了。"爸爸高兴地说："是吗？我宝贝这么快就交到好朋友了，这个小朋友叫什么名字啊？"可是，爸爸这样一问，刚才叽叽喳喳的小姑娘一下子蔫了，咬着嘴唇想了半天，说不知道。这时候，这位爸爸突然停下来，说："爸爸不是告诉过你，要记住小朋友的名字吗？你怎么没记住呢，同学没告诉你她的名字吗？"小姑娘调皮地吐着舌头，说告诉了，但是自己忘记了。爸爸说没关系，明天来的时候，

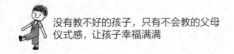

你问一下她的名字，然后记住，这样你们才算真正成了好朋友。不然人家要是再问你，你不知道人家叫什么，多尴尬啊。小姑娘听了哈哈大笑起来，告诉爸爸明天一定问小朋友的名字，之后牵着爸爸的手，一蹦一跳地离开了。

看着小姑娘可爱的背影，我突然感觉这个爸爸好称职。人和人之间需要交往，名字确实是交往时的第一张名片，而记住和你交往的人的名字，是一个人是否有教养，懂礼仪的名片。这个父亲送给了孩子。

有一次我外出办事，见到接待我的人，我第一时间递上了我的名片，并告知了自己的姓名，我以为对方记住了，谁知道临离开的时候，对方却忘了我叫什么，非常不好意思地请我再告诉他一遍。虽然对方很有礼貌地表达了歉意，但是我的心里也有些不悦，觉得自己被轻视了。记住对方的名字是一种教养，而告诉孩子，和别人交往的时候要记住对方的名字，就是一种修养。

这让我想到了女儿刚上一年级时，她的老师在班上说的话，老师说："现在你们同在一个班上，一起要度过六年的时间，我建议大家做一件事，那就是记住全班同学的名字。"他当时说这些话的时候，是在公开课上，我们这些家长都在场，马上就有不少家长在下面窃窃私语："天啊，一个班七十三个同学，每个孩子就要记住七十二个孩子的名字，这对于小孩子有点太为难了吧。"接着，老师解释，自己不是在强人所难，更不是在给孩子们制造难题，一个名字就是一个人的行走名片，就是认识人的窗口，所以，在上学的第一课，他一定要让孩子知道，在交往的时候，一定要记住对方的名字。这不是为难他们，这是他们的人生第一课。

老师说完，我们都不由自主地鼓起掌来。

可是孩子们不这样想，他们还在为这个巨大的"工作量"而头痛。孩子们的惊讶和恐慌可以理解，一方面七十二个名字真的太难记住了，另一方面他们有太多的字还没学过，不容易做到。而那些家长挖空心思想出来的笔画超多的名字，比如曦、馨、霭，要学会写更是难上加难了。

女儿同样被难住了，回家的路上和我噘起了小嘴："爸爸，那样多的名字怎么记呢？"我也觉得对于几岁的孩子是有些难度，不过想到老师的话，说："没关系，我们慢慢记，你一天记几个，过一阵子就记住了，你看你们老师，不也都把小朋友的名字记住了吗？"听我这样说，女儿点了点头。她亲眼看到老师喊每个小朋友的名字的，马上对自己有了信心，觉得记下全班同学的名字也没有那么难了。

听了我的话，女儿不再抵触老师这个"作业"了，有一天女儿兴奋地告诉我，她把全班同学的名字都记住了。我听了非常惊讶，问她是怎么记住的。她神秘一笑，从书包里拿出一个本子，上面歪歪扭扭地写着不少名字。她说，老师说了，记不住可以写下来，她就用本子写下了同学的名字，有会写的字也有不会写的字，不会写的字就用拼音代替了。女儿骄傲地说："老师说，我是班上第一个记住班上所有名字的孩子。"

有一次，女儿班上组织了秋游的活动，现场也拍摄了很多合影。秋游结束，我和女儿翻看照片，女儿说："照片上的同学我都能说得出名字，我已经记住了全班所有人的名字。"说实话，我是不太相信的，女儿竟然能这么快记住这么多同学的名字。可当她对着照片，一个一个说出同学名字时，我简直不敢相信自己听到的。

后来，女儿告诉我："我很想记住每个同学的名字，我想他们也希望我记住他们的名字，当我叫他们的名字时，他们一定会觉得格外亲切。有好几次，当某个我不太熟的同学，叫我的名字，我就会很感动。"

显然，记住每个人的名字并不是小事，而是一件非常有礼节有意义的事情。生活中有些事，看上去好像微不足道，但是却值得我们认真对待。

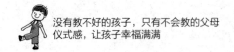
能不能记住一个人的名字，看起来是一件小事，甚至是微不足道的小事，但是，在孩子的成长经历中，却是一件大事，一个有记住别人名字意识的孩子，要比没有这个意识的孩子有礼貌得多。而记住别人名字的礼貌意识，却是家长的职责，需要家长的培养和引导。

同事小徐就非常注重这方面的引导。有一年公司年会，小徐带了孩子参加，她没有像其他妈妈一样，让孩子随意玩耍，而是拉着小家伙逐一认识大家，而她介绍的方式也和其他家长不一样，其他家长只会指挥孩子叫阿姨，叫叔叔。她则是加上了姓氏，她说，这样是为了让孩子有更好的辨别，更准确地记清楚。

小家伙转了一圈之后在餐桌上再相见的时候，准确无误地认清了大家。所有的同事都很惊讶，不过也都更加喜爱这个孩子。那天还来了好几个孩子，但是只有这个孩子给大家留下了深刻的印象，后来大家谈论这些小朋友的时候，都夸小徐的教育方式好。

小时候，妈妈也经常告诫我，一定要记住别人的名字。并且更有意思的是，妈妈还会抽查，比如妈妈会有意无意地问："上次给你棒棒糖的那个阿姨是谁呢？""你还记不记得书店的徐叔叔了，他给你推荐好几本书呢！"如果我回答不上来，妈妈就会一再提醒我，直到我记住为止。妈妈说，记住一个人的名字是交往的礼仪，如果记不清楚，再见面的时候，当着一个人叫了另一个人的名字，不仅尴尬，还会显得特别没有礼貌。我小时候一直想做一个有礼貌的孩子，就按照妈妈的话，留心记着交往的人的名字。这也成了习惯，形成了定式。

名字是一个人的身份名片，记住一个人的名字是基本的社交礼仪。而教会孩子记住别人的名字，是孩子交往礼仪的第一步。只有记住了别人的名字，你才可能进行更深入的沟通，世上没有人愿意做无名氏。

那么怎样引导孩子记住别人的名字呢？

首先，应该把人物正面介绍给孩子，这样，孩子才能够记住。知乎上一个网友写道："小时候妈妈总是说我不喜欢和客人打招呼，可那是因为她不告诉我那些人都是谁，我又不认识，又怎么能打招呼呢？"可见，要让孩子记住别人的名字，首先要让孩子知道对方是谁。

其次，为孩子做一个好的榜样，如果你没有记住别人名字的习惯，孩子真的不太能记住对方的名字，因为在他的心里，你都没记住，可能就是不重要的，家长永远是孩子的镜子，你的一切行为，都是孩子的参照物。

最后，就是告诉孩子，记住别人的名字是基本的行为规范和礼貌，没有孩子喜欢做坏孩子，当你告诉他，怎么样做才能成为一个人见人爱的好孩子时，那么，孩子很愿意依从你的建议去做，之后，就真的能成为你们期望的样子。

及时教会孩子说谢谢

"谢谢"可能是孩子最早接触的礼貌用语之一了，孩子在牙牙学语的时候，不少家长就教会了孩子说"谢谢"，而且有的孩子把"谢谢"用得非常娴熟，俨然成了"谢谢"的代言人，让人感觉到了世界的美好。

有一次，我带着同事老石的孩子小石头去逛街，逛了很久买了很多东西，满载而归之后，我们赶赴地铁站。因为是晚高峰，地铁里挤满了人，我抓着车厢中间的扶手，小石头紧紧地抓住我的衣角，小家伙年龄太小，在那摇摇晃晃。我心想要是有个座位就好了，小家伙就可以坐下不用受这样的煎熬。

正当我东想西想时，一个十八九岁的女孩站了起来，她朝我们挥了挥手，示意我和小石头坐过去。我们刚坐下，女孩就走开了，而且走到了另一节车厢，快得我都来不及说谢谢。小石头摇着我的胳膊说，"叔叔，我们还没跟姐姐说谢谢呢？"

看着小石头的眼神，我鼓励他说："小姐姐都已经走了，要说你就赶紧过去吧，如果再等，姐姐都下车了。"小石头听了马上站起来，从人群的缝隙中挤到另一节车厢去找女孩。几分钟后，又从人群的缝隙中挤了回来，仿佛完成了一件大事一样，长吁一口气，脸上露出欣慰的表情。

我逗他："姐姐都走出这样远了，可见不是为了得到你的感谢的，你怎么偏要赶过去说'谢谢'呢？"小石头看了看我说："这是我爸爸教我的，爸爸说，别人帮助你的时候，一定要说谢谢，而且说的一定要及时。"其实我是想夸奖一下他做得对的，没想到还没等我开口，竟然被他给教育了。不过，他说的有道理，做的更有道理。也许并不是所有的援手都在等"谢谢"，也许并不是每一次的帮忙都要人点赞，但是"谢谢"和点赞却能让别人觉得做对了，自己的付出是值得的。更重要的是，道谢也是一种人生的仪式，不做或许也没什么大不了，但是做了，生活却会不一样。

我四岁淹了一次水，几位叔叔合力营救了我。当爸爸带着我一一致谢时，发现其中有一位姓方的叔叔已经离开了。一时半刻，我们也没有方叔叔的消息，只好把致谢的事情草草收场。后来，爸爸一直说："找到方叔叔后，我们一定要好好说谢谢。"可一直都没有方叔叔的消息，爸爸想带我去说的"谢谢"，一直也没机会开口。可是，爸爸一直都没放弃这件事，时不时就会念叨。爸爸的念叨，我听在耳里，记在心底，也深深明白不能回避和忽视道谢这件事。

到了我十岁那年，爸爸突然得到方叔叔要回家乡的消息。原来，方叔叔早就卖了房子搬到了外地，这次是重要朋友家有喜事，他才特地从外地赶回来的。当爸爸和我备了特产来到方叔叔面前道谢时，着实把方叔叔吓了一跳，不敢相信地说："好几年前的事，你们竟然还记在心上。"爸爸说："救命之恩不仅要记几年，更是要记住一辈子的。"而我毕恭毕敬地说：

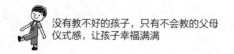
"谢谢，谢谢方叔叔。"

不知为何，说出了那声"谢谢"，我的心底格外地轻松，就像做了件重要的事一样。显然，这声"谢谢"不仅是说给方叔叔的，也是说给从四岁到十岁的自己的。感谢不仅是心底涌出的，也是人生庄严的仪式。

记得有一次和女儿在家，女儿要吃葡萄，我去帮她洗了一些，把葡萄端给女儿的时候，她甜甜地说了一句"谢谢"。而后，我逗她说："那你要不要给爸爸吃一颗呢？"她大方地给了我一颗，接着又给了我一颗，我高兴女儿不小气，马上那把葡萄放进了嘴里，谁知刚才还开开心心的小丫头居然不乐意了，她噘着嘴说："爸爸，你怎么能马上就吃了呢？你还没有说谢谢呢！"女儿的话一下子把我逗乐了，我马上补上一句"谢谢"，女儿才准许我把葡萄放在嘴里。后来女儿说，别人给你东西或者帮忙，一定要马上说"谢谢"，不然是没有礼貌的。

说实话，孩子们从小都是有礼貌的，懂得对帮助过自己的人说"谢谢"，甚至把道谢当作一件大事。这种情形下，家长更应该支持孩子，道谢从来都不是多此一举，而是做一件应该做的事。

而且，道谢这种事是不能等，也不该等的。要告诉孩子及时地表达你的谢意。试想当别人的慷慨解囊或者出手相助，等来的却是漫不经心的回馈，甚至连任何回馈都没有，该是何等的失落。

优雅地让座，一点儿也不尴尬

在车上，你会支持孩子让座吗？

有一年，表姐带明明来武汉，我把车停在地铁口，然后乘地铁去机场接他们。机场是地铁二号线的起点站，起点站上地铁的人并不多，稀稀拉拉还空着好多座位。我和表姐刷着手机，明明把弄着自己的小玩具。慢慢地，车上的人越来越多，甚至有点挤来挤去的感觉。

这时，明明突然站了起来，拽着身边一个乘客说："爷爷，您坐我这里吧。"听见声音我一抬头，马上笑了起来，哪里是什么爷爷，只是个染了灰色头发的青年人。青年人乐呵呵地说："爷爷不坐，爷爷不坐，爷爷今年二十八。"表姐倒是忍不住嘟哝："八岁的孩子给二十八岁的年轻人让座，你说这明明是不是傻里傻气的？"我赶紧打圆场："这不是闹了个误会嘛，给有需要的人让座，这本就是一件挺好的事。"

没多久，地铁车厢又来了个孕妇乘客，明明又忙不迭地起身，拉着孕妇

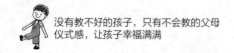
的胳膊说："阿姨，我的位子给你坐。"孕妇乘客一边坐，一边夸明明是个懂事的孩子。地铁继续向前，抓着扶手的明明随着列车的颠簸晃来晃去，仿佛随时都要跌倒似的。等孕妇下车，表姐数落明明不该让座。这时，明明义正词严地说："妈妈，这就是你的不对了，我上一年级老师就教了，遇到有需要帮助的人要帮助，在公共交通工具上要给老人家和孕妇阿姨让座。"

其实，让座本就是一件好事，可是愿意让座的人却越来越少，甚至在公交车还时常出现因为一个座位而大打出手的事情。当老师反复教育孩子们让座，到了家长这里却被泼冷水，这很容易影响孩子们的热情，久而久之，孩子们也就不让座了。

有一次，我和女儿去动物园玩，回来时坐上了一辆公交车，车厢内人挤人、人贴人，都能闻到汗臭味了。

突然，一个抱着小孩的中年女人走了上来，她怀里的小孩还在不停地哭闹。可是，车上并没有空座位了，也没有人给她让座。这时，她做出了一个让人大吃一惊的举动，抱着自己的孩子坐在车厢的角落里。说实话，那一刻我的心里犹如针扎。

后来，女儿指着坐在地上的母女说："爸爸，为什么没有人给她们让座？"我也不知道如何回答，而且我们也没有座位可让。女儿说："这可不行，我给那个阿姨找个座位。"话音一落，女儿就走向了几个坐着的年轻人："哥哥姐姐，给那边的阿姨让个座，好吗？"两个年轻人爱答不理的，第三个是小姐姐，马上让出座位，还说："小妹妹，对不起，我没看到那个阿姨，不然不会不让座位的。"

不得不说，让座这件事，也是需要提醒的。有的时候是没看到有需要的人，有的时候是没意愿让座。对于孩子，一方面我们不要阻止她让座的愿望，另一方面也要示范并提醒她该让座时就让座。

让座是一种美德，教育孩子给有需要的人让座，更是把美德滋养进孩子的心田。一位著名的作家曾经说过，被美德滋养大的孩子，会终生幸福。是的，我们都希望孩子幸福，希望他们有明媚的未来，希望他们健康快乐，富足安康，但是如果都不能认同孩子让出自己的座位来，又怎么能够保证，孩子在未来的道路上会善良宁静呢?

让座，不是孩子必须做的，但是却是孩子应该做的。在大庭广众之下让座，一点也不尴尬。当一个孩子能在拥挤的车厢中，让出自己的座位来，说明善良的美德已经刻在了他的骨子里。

不做庸俗的大多数

　　不做庸俗的大多数，好像是一个成年人的话题，其实，这个话题同样适合在儿童教育上面，我们都希望自己的孩子成为最优秀的那一个，但是很多时候，都是我们这些做家长的，把孩子塑造得庸俗的。这可不是危言耸听。

　　有一次，我晚饭后和小区的邻居吴华在附近的巷子里散步。突然听到激烈的争吵声，原来是有两个女人在争吵叫骂。从传出的话语和围观人的窃窃私语中可以猜到，是因为情感的事情吵了起来，听说双方发生了撕扯，衣服都被撕破了。这可以说是人家的家务事，更可以说是一个八卦，有人生活的地方，是缺不了这样的事情的，可是大家都有极强的好奇心，争先恐后地去看热闹。让我意外的是，邻居吴华带着五岁的儿子也往人群里挤。而更让我奇怪的是，吴华接下来的动作：吴华挤不进去，从人群里退了出去，蹲下身子，一下子把儿子扛在了肩膀上。原来，他挤了一半想起来，儿子个子小，挤进去也看不见，索性把儿子扛了起来。

看明白他想干什么，我赶紧冲上前去问道："你要干什么，这样的事情怎么能带着孩子看呢？"谁知，吴华听了我的话，分外诧异，看着我说："带孩子看怎么了，没事，我就是让他看看热闹。"因为也有一个这般大的孩子，我真有些生气了，说："你想看热闹可以，不能带着孩子，你也不怕他小小年纪被吓到？"听我这么说，他难为情地说，"确实没啥好看的，我只是看大家都在看，也就去凑个热闹。"我也不留情面："凑热闹也不该带孩子，不能让孩子也变成无聊的人。"

吴华听我这么说，才把孩子放下来。这时候我看见有两个十八九岁的女孩子挤进去，用随身的校服盖在了两个女人身上，掏出了手机报警才制止了这场闹剧。我指着两个女孩，跟吴华说："你看看人家小孩，多么有礼貌多么有教养。我不敢肯定这样的行为是他们父母教的，但是，至少父母会告诉他们，什么事情可以做，什么事情不可以做。"

很多时候，大人会选择做庸俗的大多数，这或许是大人爱凑热闹的本性，也可能是真的没有意识到有何不妥。可是，父母是孩子的榜样，父母也是孩子的镜子，大人要做什么事情的时候，应该要考虑孩子有样学样的问题，而且，有很多场合，真的是不适合带着孩子的，尤其是年龄过小的孩子，或多或少都会在他心里产生负面的影响。每个父母都希望自己的孩子超凡脱俗，其实，他不知道，只有你们"不俗"，孩子才能"不俗"，家长才是孩子永远的老师。

记得我小时候，每年春节都可以领到很多压岁钱，还会跟小朋友比赛谁压岁钱多。新全是我邻居家的一个男孩，他每年的压岁钱格外多，一方面是他家的亲戚朋友多，另一方面是他有讨压岁钱的秘诀。原来，每到除夕春节那几天，只要有大人到新全家里，他都会主动向别人要压岁钱，先是不停地作揖、磕头。如果大人们没什么反应，他就会直接把小手伸到人家口袋里，

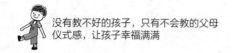
拗不过他的大人多少会给他点压岁钱。

妈妈知道后，笑着说："勇子，你要不要也学着新全多讨点压岁钱？"爸爸马上摆摆手说："罢了，罢了，这样讨压岁钱还是不要了，爸爸给勇子发一个超大红包。"后来，爸爸跟我说："死皮赖脸讨红包，是一件非常丢脸、非常没有教养的行为。不管有多少孩子像新全那样讨红包，肯定不会有我们家的勇子。"妈妈说爸爸太上纲上线，爸爸却依旧坚持己见。后来每年，新全拿到的压岁钱都比我多，但是爸爸每年都会给我补足。

现在想来，自己少了些小市民的气息，少了一些庸俗不堪的想法，其实跟爸爸在压岁钱上的引导有关。我想，我也会告诉我的孩子，要不要做一件事不要看别人做没做，要看的是自己该不该去做。

有时候，"别的孩子都在做"会成为家长降低要求、放松警惕的借口。很多孩子，也会以"×××可以，我为什么不可以"，去向家长争取一些自己想做的事情。可是，家长就像是孩子的"防火墙"，有些事就算再多人做也不能做。

有时候，一个有教养的孩子，不是因为他做了什么才值得称道，而是因为他不做无聊、无趣、庸俗的事，才会越发地显得熠熠生辉。而对于一个孩子的成长来说，有教养是他一生的仪式，更是他获得尊重，认可，甚至幸福的旋梯。

有礼貌，就是孩子的教养

世上没有哪个父母不希望自己的孩子成为优秀的人，每个家长都希望自己的孩子有教养。其实，教育孩子懂礼貌，才是基本的教养。

洛克说过："礼貌是人类的一种语言，它的规则与实行，主要得从观察那些有教养的人们的举止上去学习。"孩子的教养，很大程度上，可以用"有礼貌"三个字来形容。而说到有礼貌、懂礼貌，我觉得应该从几个方面去引导孩子。

第一方面是进餐。别看进餐是件很小的事，却能很好地看出一个孩子讲不讲礼貌、有没有教养。好几次我去宴席，席上的孩子不等大人入席就开吃，而且还不讲卫生地用手抓，遇到好吃的菜端起来就清盘。奇怪的是，很多家长对此视而不见，甚至还觉得挺有趣。显然这些都是失礼的行为，都不是孩子该做、家长该支持的。

进餐有礼貌，应该要求孩子：餐桌上，小孩子要让大人先入座、先动

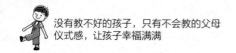

筷，不管多么好吃的菜都不可多吃，更不可以随意清盘。入席和离席都要打招呼。进餐时，小孩子不要大叫大嚷，更不要在餐厅穿来穿去。

第二方面是串门。不管是去邻居家还是亲友家，都应该懂得最基本的礼貌，不然，就算对方没有送客的想法，恐怕你也不好意思待下去。有些调皮的孩子，总喜欢把别人家当做自己家，到了以后从沙发跳到卧室的床铺上，而且还不打招呼就翻箱倒柜，或者把各种零食都搜罗出来。走的时候不空手，八岁孩子拿走三岁孩子的玩具，害得主人费老大劲哄孩子。

做客有礼貌，应该要求孩子：进门脱鞋，不进卧室，别人家的东西不乱动，别人家的东西不吃乱，需要什么一律先请示再行动，做个有礼有节的好孩子。

第三方面是对待长辈。有些孩子自来熟，很快就跟陌生的叔叔阿姨打成一片，一刻都不闲着。再就是直呼长辈的姓名，给长辈取奇奇怪怪的绰号。长幼有序，尊敬长辈，是最基本的礼貌，凡事都该有度、有界限，童言无忌，童行无矩，也该适可而止。

对待长辈有礼貌，应该要求孩子：对长辈要用尊称，多用"您"少用"你"，"请"字不可省略，见面说"您好"，离开说"再见"。不跟长辈乱开玩笑，不给长辈取绰号，不拿长辈的缺陷说事。

第四方面是和小朋友的相处。现在的小孩在家里都是小霸王，所有的玩具都要摆在自己面前，别人的东西也总是要抢过来，一不高兴就又哭又闹。有的孩子喜欢动手打人，在家里拿爸爸妈妈"开练"，在外边就爱伤害别的小朋友。有的孩子谎话连篇、霸道粗鲁、不诚实、不诚恳，久而久之就没了朋友。

. 对待小朋友有礼貌，应该要求孩子：待人友善、谦让，好吃好玩的学会分享，尊重他人的权利和隐私，不强夺别人的心爱之物。说真话，说话温和不吵不闹，做个有修养的孩子。

第五方面是在公众场合。公众场合毕竟是开放空间，人来人往，人多的地方就有人多的地方的规则。作为一个有礼貌的孩子，首先要做到的就是不影响他人，不打扰他人。如果一个孩子在公众场合的时候，大声喧哗、吵吵闹闹，稍不合心意就要大喊大嚷，甚至就地打滚，或者不管不顾地号啕大哭，这些都是没有教养的表现。

公众场合有礼貌，应该要求孩子：人多的时候不要大声说话，尽量站在大人的旁边，能回家解决的事情尽量回家解决，不要在公众场合哭闹。当然还包括帮助有需要的人，让身边的陌生人感受到你的暖意。

可能有人觉得讲礼貌是一件烦琐的事情，然而关于礼貌的那些规则和细节，却会成为有教养、有仪式感的行为，最终让孩子们的生活拥有别样的暖意。

张峰是我的同事，我们经常一起聚会。而他们家的小女儿张萌就把上面总结的这几项做得非常好。

一次，我们两家一起出去玩，玩累了，一起去她家里用餐。他们家的餐厅很小，桌椅也很小，我们几个大人加上孩子挤得满满当当，张萌主动站起来说："叔叔阿姨，你们先吃，我带小妹妹出去玩一会儿，这样挤着大家都吃不舒服。"我马上不好意思起来，说："这怎么可以，挤一挤就可以了。"小姑娘说："那可不行，我是小孩子，晚吃一会儿也没事的。"张峰说，女儿就这样，小时候学了《三字经》，知道了"长者先，幼者后"做什么事情都不争抢，特别有礼貌，也特别懂事。

后来还有一件事，让我再一次见识了这个孩子教养。有一年暑假，张峰让我给小姑娘补习一下作文。那天，我们原本约好了下午上课的，可是中午邻居请我帮忙看一下电脑，我把门虚掩着就出去了，回来的时候小姑娘已

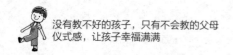
经站在门口了。我问她，来了为什么不进家里呢？小姑娘说，自己进去了，可是发现家里没有人，就又出来了。我又问她，那你为什么不给叔叔打电话呢？小姑娘接着说，门都没有锁，您一定是有急事出去的，一小会儿就能回来，我就没打扰您。

听她这样说，我不得不在心里为她竖起了大拇指，要知道她才是一个十几岁的小姑娘，周身上下却展现出了极好的教养。

后来听张峰说，张萌从来不随便进入别人的房间，更不会随便接受人家的东西，总说那是不礼貌的。

经常听人说，怎样才能培养孩子有教养呢？其实，虽然教养被称作骨子里面的气质，但是培养孩子有礼貌，真的就是孩子有教养的第一步。

第六章

孩子的幸福指数，来源于家庭的仪式感

慢慢地，你会明白，有没有仪式感，你的孩子真的不一样。或许身为家长暂时无法给孩子更好的物质生活，或者孩子已经拥有外在的一切幸福，这些是暂时没有办法改变的。然而，有一种幸福来源家庭的仪式感，我们的家庭越重视仪式感这件事，孩子的幸福就会越发被放大，也会在时光里绵延得更远更久。

孩子幸不幸福，仪式感说了算

作为家长最大的愿望就是让自己的孩子生活得幸福。为了让孩子过上幸福美好的生活，我们拼命打拼，努力奋斗，给了孩子丰厚的物质条件，让他们过上比我们小时候要幸福万倍的生活。可是孩子们好像对幸福不太敏感，经常听到家长吐槽，孩子们身在福中不知福，感受不到幸福。那么，是什么影响了孩子的幸福敏感度呢？答案是仪式感。

一个妈妈为了鼓励孩子好好完成作业，每天在孩子写作业的时候，都会奖励他一颗糖果。这个孩子觉得非常高兴，逢人就说自己有一个好妈妈，好幸福。而另一个孩子，家里经营着一家食杂店，每天都可以吃到糖，就没有觉得能吃到糖有多幸福。其中的原因显而易见的，每天只能吃到一块糖的孩子，在写完作业的时候才能吃到糖，这个糖更像是奖励和仪式，能让他印象深刻，所以容易感受到幸福。而另一个孩子，吃糖就像他的日常，随时可以吃，想吃多少就吃多少，能吃到糖这件事就很难让他体会到幸福。

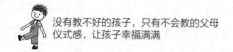

对于一个孩子来说，幸福不幸福，真的和仪式感有关。有一年我在一个辅导班教孩子写作文，一天，在一篇作文里看到这样一段话："爸爸简直就是一个魔法师，每天都能把饭菜变出花样来，做爸爸的孩子，我觉得非常幸福。"事后我了解，这个孩子从小就脾胃不和，不太喜欢吃饭，身体也不太好。为了让孩子多吃饭，身体好起来，这位爸爸给孩子做饭的时候，就不停地制造花样和惊喜，使得孩子每次吃饭，都像品尝一次视觉大餐，胃口大开。

我还见过这位爸爸，是一个和蔼的中年人，他和我说起孩子的很多成长，比如，孩子小时候身体很弱，他就每天早上和孩子跑步、跳绳；孩子不爱吃饭，就研究菜谱，争取每一餐都不重样；孩子刚上幼儿园的时候，有些抵触，不太喜欢去，他就也背了一个小书包，陪孩子坐在教室里。在孩子成长这条路上，他把每一件事都做得尽善尽美，都想得异常周到，都做成一种仪式，让孩子感受到了被宠爱的幸福。

类似的事情也发生在我女儿的身上。我女儿小时候不太喜欢吃饭，妻子每次吃饭的时候，都让女儿帮忙盛饭端菜，而且对全家宣布，女儿盛出来的饭特别好吃，所以，以后就要女儿帮大家盛饭。于是每天吃饭，我们家就是这样的情景，妻子在厨房喊："吃饭了，宝贝快出来盛饭。"女儿无论在做什么，都爽利地答应着，之后，飞快地从房间跑出来。盛饭俨然成了她的专属。有一次家里来了客人，女儿开开心心地向人家介绍："叔叔，你知道我们家谁给大家盛饭吗？是我！"稚嫩的声调里面透出满满的骄傲。

我们还想让女儿参与到做饭的事情中来，以调动她的味蕾，稍微大点的时候，妻子就让她尝试着炒菜。当然，女儿还是小孩子了，所谓的炒菜，也是妻子准备好了配料，把菜倒在锅里面翻炒，快熟的时候，让女儿翻炒几下出锅，然后煞有介事地尝一尝说："咦，今天的菜味道怎么不一样呢，宝贝炒得真好吃。"然后，女儿就会很自豪，很开心地吃饭，下一次炒菜的时候，还争抢着帮忙。有一次家里做青椒土豆，妻子让女儿炒好后，尝了一口说："咦，这道菜怎么炒出了小鱼的味道呢？真好吃。"女儿眨着小眼睛，笑眯眯地吃了一大碗饭。后来结果就是，女儿的胃口也好了，"幸福感"也出来了，总是不停地和小朋友炫耀："你们会做饭炒菜吗？我会！你们妈妈能信的着你做饭吗？我妈妈能，我妈妈是最好的妈妈。"我每次听了都忍俊不禁。

盛饭本来是一件"苦差事"，可是女儿却做出了满满的幸福感，有时候我就想，真该感谢妻子，感谢妻子把吃饭这件事情，变得这样有仪式感。

现在经常听到很多人抱怨，孩子不知道感恩，体会不到幸福，甚至不知道幸福为何物。其实，就是没让孩子体会到仪式感。如果你让生活充满了仪式感，那么，孩子一定就会体会到幸福感。

一个作家曾写过这样一个故事，小时候他们家生活有些困难，为补贴家用，爸爸每天都到山上砸石头。砸石头非常辛苦，妈妈为了给爸爸补充营养，每天都要给爸爸做两个菜包子，可是爸爸舍不得吃，每天把包子带回来分给他和弟弟。他们又怕妈妈知道，就每天在爸爸下班的时候，到村口等爸爸。爸爸看到他们，就会把包子掏出来，等他们吃完了再回家。

这个作家说，自己当年每天都能吃到包子，就觉得好幸福，现在吃包子比以前容易多了，却很难再体会到当年那种幸福的感觉了。

其实孩子的幸福指数，一直是和家庭的仪式感有关的。我小时候，家里的条件并不好，但是爸爸妈妈非常恩爱，每天吃过晚饭之后，他们都会出去散步，每年的正月十五，会带着我和妹妹去看花灯，每学期开学的前一天，总会带着我和妹妹去买学习用品，每年春节都会带我们回爷爷家过

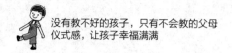
年……这几件事几乎成了我们家固定的程序和保留节目，我和妹妹却觉得非常幸福。我曾经在作文里写过这样一段话：虽然我们家没有多少钱，但是爸爸妈妈从不吵架，我们家每天都其乐融融，笑声不断，我感觉我是天底下最幸福的孩子。

孝顺是不可忽略的爱的程序

　　我国是崇尚孝道的国度，孝敬老人一直是中华民族的传统美德，从古到今传承了很多年，甚至在历史上还留下了不少孝亲敬老的佳话。但对于孩子们来说，孝心、孝敬和孝顺，还是藏在字典里的几个词和试卷上的考试题，他们并不懂得孝顺是什么，也不懂得该怎样去孝顺长辈。

　　父亲在家乡独居，我们和他的联系，除了节假日的探望，更多的是电话的联系。通过电话，父亲可以了解我们的生活，我们也能听听他说的家乡事。所以有时候是晚餐之前，有时候是饭后百步走时，有时候是新闻联播结束时，我总会和父亲聊上几句，少则十来分钟，多则半个多小时。更多的是老父亲在说，我在这边安静地听，这仿佛成了一种生活的默契。

　　可是，我这样做，女儿就有些不乐意了，她向我抱怨："每天聊来聊去，都是那几句话，有什么好聊的？"看到孩子不理解，我就打开免提，让女儿"监听"我们聊天的全过程。我们聊的大都是说过千百遍的往事，女儿

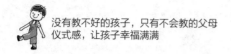

听了更是不以为然："隔壁小姐姐上大学，门前的马路又翻修了，爸爸读三年级还尿床……说来说去，也就那么几件事，爷爷竟然每天反复说这些。"说实话，女儿说的这些也没有错，老父亲确实聊不出太多花样，甚至多多少少有啰唆的感觉。

不过，我耐心地跟女儿说："那你感受到爷爷的欢笑了吗？"女儿略带惊讶地说："那些无聊的事情讲了又讲，但他真的聊得很开心，开心得像得到了新玩具时的我。"我一本正经地说："爷爷开心，爸爸就开心，爷爷的快乐也是爸爸的快乐。"女儿恍然大悟，仿佛明白了一些什么。后来，我再给父亲打电话时，女儿不再瘪着小嘴巴不开心。偶尔，女儿还会抢去电话聊几句，逗得父亲开心不已。

以前，我去外地出差，女儿很少给我打电话，打电话永远是那句："爸爸，你什么时候回来？"慢慢地，女儿的电话多了起来，"爸爸，你那边天气怎么样？"或者"爸爸，你有没有想我和妈妈？"再或者"爸爸，我给你留了一块榴梿，你要早点回来吃哟。"

其实，我知道女儿黏我是一方面，另一方面是孝心开始萌芽了。没有谁天生就懂得孝顺，但是孝顺是最美的仪式感，值得我们传递和宣扬。父母孝顺，孩子就跟着孝顺，把孝顺温暖地传递下去。

孝顺这件事也是可以言传身教的，父母适时的示范会让孩子了解孝顺，最终追随父母的行为去践行孝道。而如果做父母的，不以身作则，说一套做一套，孩子是不会懂得孝道这件事的。

同事李东就不止一次和我说过，他们家儿子被他和妻子捧成了"小皇帝"不知道心疼人。有一次他感冒了躺在床上不愿意动，想让儿子给他倒杯水，结果喊了半天，儿子才磨磨蹭蹭地出来，还不情愿地嘟囔，说耽误自己看动画片。还有一次，他下班回家有些累了，让儿子帮忙把拖鞋拿过来，儿子竟然伸出小手让他先给钱。一提起这些，他就摇头苦笑："你说，小小年纪就这样，我这不是养了个白眼狼吗？"

我不置可否，试探地问："那你对自己的爸妈怎么样？"李东难为情地说："他们都好着呢，哪里用得着我操心。"听到他这样一说我就"放心了"，李东什么都好，就是"粗心"，老父亲住在郊区，他不仅不经常嘘寒问暖，经常年节也不回去，可是每次别人提起都是和今天一样的说辞："他们好着呢，根本不用我操心。"其实，熟悉的人都知道，李东的父母虽然每个月有两三千块退休金，在城郊有一套老房子住着，可是寂寞却是无法回避的。有时候，李东的父母因为想儿子一家会打来电话，他总是不耐烦地询问有什么事，之后说上三言两语就以自己忙挂掉电话。其实哪里是忙，分明是对父母的冷漠。他对父母如此冷漠，孩子自然也会有样学样，不把他放在自己的心底，不在乎他的需求和痛苦，实在是太正常不过了。

孝顺是需要示范的，要想孝心得以传承，就要言传身教，这样才能把孝敬父母长辈的嫩芽栽种在孩子的心里。

在我老家，给长辈盛饭是孝顺的表现。我爷爷奶奶去世的早，家里只有外公外婆两位老人。每次吃饭的时候，爸爸妈妈总把他们安排在上席的位置，有好吃的鱼或者喷香的排骨藕汤，也总会摆在最靠近上席的位置。爸爸妈妈还总会先给外公外婆盛饭，而且总是挑最柔软的米饭盛。看着爸爸妈妈给外公外婆盛饭，七八岁的我也总想着给外公外婆、爸爸妈妈盛饭，隐隐感觉到那是一件值得效仿的有意义的事情。

等到九岁时，爸爸妈妈开始锻炼我，有事没事就让我给长辈盛饭。每次，我总是边吃饭边盯着大人的饭碗，一旦他们的饭碗见底了，我马上冲上去给他们盛上一大碗。大人们很享受有人盛饭的待遇，很多时候也会故意吩咐着："来来来，小勇，给舅舅（姨妈）盛一大碗饭来。"那时候我还小，

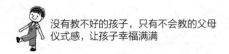
盛好热气腾腾的饭，然后踮起小脚双手举高捧着递过去，觉得好有成就感。现在想来，那根本就不是成就感，而是仪式感，双手捧着饭端到长辈的面前，就是晚辈对长辈的一种孝敬的体现，郑重而庄严。

饭桌是最好的讲台，关于孝顺的传播，在一饭一菜之间，在盛饭的细节里，就得到了非常好的传播。

孩子就是一张白纸，父母示范了孝顺，孩子也会传承孝顺。倘若父母示范了冷漠，孩子也会冷漠待之。不得不说，孝顺其实是一种会传染的美德，我们每一个父母，都有责任，有义务把这个美德"传染"给孩子，让他们从小就知道孝顺是家常小事，却又是最可贵的美德。

没事带孩子参加一下家庭聚会

天地间最割舍不断的就是亲情。

我女儿每年总吵着要去的地方，不是名山大川，不是海洋馆游乐园，而是她外婆的老家。她这么热切地盼望着去外婆家的原因是她喜欢外婆家的家庭聚会。

女儿外婆的老家在四川渠县，老人家离开四川渠县几十年，回去和亲人团聚的次数屈指可数。本来，可以趁着参加一些大小喜事的机会和分离的家人聚一聚，可是总因为距离和琐事，让聚会成为一件不容易的事。三年前，女儿跟着她外婆去了一趟四川渠县，她外婆跟自己的弟弟妹妹难得一聚，女儿跟姨婆姨爹的孙子、孙女打成一片。虽然其他小朋友说的是四川普通话，女儿并不是太能听得懂，但是小家伙们很快就玩得不分彼此了。那段时间，她们在四川渠县住了两个星期，离开的时候依依不舍。临走的时候，女儿外婆和自己的弟弟妹妹手拉手，约着下次再相聚，而且聚的时间要比这次更长

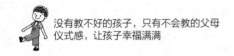
点。女儿也跟自己的小家伙打着勾勾，说一定还要一起玩。

女儿回到武汉后，总惦记着四川的小伙伴，总叫着说以后还要去，还要和小伙伴一起玩。女儿外婆虽然不能立即再次前往，但是也片刻没忘记远方的亲人，没有放弃组织家庭聚会的打算。一年前，女儿又跟着外婆去了四川渠县。两年多的时候，老人们年纪越来越大，小朋友们越长越高，但是依旧还是有说不完的话。

我也亲眼见识过女儿外婆家的家庭聚会的盛大场面，每顿饭，都是大人一桌，孩子一桌，各种美味的菜肴摆满了餐桌，老人们喝点低度白酒，年轻人喝点啤酒，小孩子们喝酸奶和饮料。在饭桌上，不仅是大人们感受了家庭聚会的温暖，小孩子们也很快乐。

亲戚需要走动，亲情需要互动。再忙也不能忘了和家人相聚，和家人相聚可以加强沟通并稳固关系，大人之间血浓于水的情谊，自然会让孩子看在眼底记在心底，也懂得家庭聚会的重要性。

我曾经去过位于浙江浦江的"江南第一家"采风，那是一个非常庞大的家族，整个家族同吃、同住、同劳作。说到"同吃"，鼎盛时期，一锅煮出三千多人的饭菜，三千多人每日同时进餐，蔚为壮观。

现在，共同生活的大家族自然是越来越少，别说数千人同吃一锅饭，就算能聚齐几代人同桌吃饭都不是件容易的事情。可是，最好的家庭关系，不是漫长的遥遥相对，不是电话里的问候，也不是逢年过节的红包，而是和亲人围坐在一起，唠唠家常，说说心里话。家庭聚会不仅增进了大人之间的感情，也凝聚了孩子之间的情谊，更让孩子们懂得家庭聚会的重要性。家庭聚会是让孩子感知仪式感的重要形式。

孩子生来是具有仪式感的，才一周岁的孩子买了新衣服、新鞋就会高兴得手舞足蹈；两岁的小姑娘，妈妈给戴了一个漂亮的头花，扎了一个漂亮的小辫，就会偷偷摸摸地照镜子；这都是孩子有仪式感的体现，不过由于我们成人太忙，也不太关注，随着时间的推移，这份与生俱来的仪式感消逝了或被忽略了，但是经常带孩子参加聚会，这份仪式感就会激发出来。

女儿随外婆回四川的前夜，总是她最兴奋的时候，用她自己的话说，会兴奋得睡不着觉。她会一次次地把明天要穿的衣服拿在穿衣镜前试穿，还会一次次翻看给外婆家人和小朋友准备的礼物，还不停地和妈妈探讨，明天出门的时候是梳两条小辫子好还是梳马尾，她给人的感觉不是到乡下过一次寒暑假，而是参加一个盛大的场合。夜里十点，女儿的房间还亮着灯，我悄悄走过去看她在做什么，发现她正趴在书桌上写贺卡。她说，明天就要回去看那些长辈和小朋友了，有许多话要说，害怕自己忘了，先写下来。还问我，好久没去了，大家会不会不认识她。我告诉她不用担心，大家不仅认识她，而且看到她还会非常高兴。女儿才高高兴兴地躺下。

现在经常听到人们抱怨当今人情冷漠，孩子从小就不认亲。事实真不是这个样子，孩子不认亲，主要原因是对亲人的不熟悉，不了解。大人对年常日久不联系的亲人都只剩下寒暄，更何况不谙世事的孩子呢？而让孩子认识亲友的最佳方式就是家族聚会，只有在聚会上，才能让孩子体会到什么叫亲情。

为了让女儿体会到这份浓浓的亲情，每次家族聚会，无论路程多远，我都会带上女儿参加。一般年纪不大的孩子比较怕生，到陌生的地方，见到陌生的人比较害羞，不喜欢说话。可经过几次家族聚会的锻炼，女儿没有这样的烦恼，相反，女儿越是人多的场合越大方。如果很久没参加聚会，她还会缠着我问："怎么还没有聚会呢？"为了女儿喜欢聚会的"癖好"，我们也经常把亲友请到家里来，这个时候总是女儿最高兴的时候。有一年春节，我把所有可以到场的亲戚都请到家里过年，场面非常热闹，女儿很高兴，她

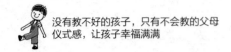
兴奋地嚷着："我们家有这么多人过年，真好。"更有意思的是，有一天，我听见女儿和楼下一个小朋友在"争吵"，小朋友说："你们家有多少亲戚啊？我们家有爷爷、奶奶、姥姥、姥爷、姑姑、舅舅！"女儿不服气地说："你们家人那样少啊？我们家除了你说的外，还有舅公、舅婆、姨奶奶、姑姥爷、小表姐、堂哥哥，比你们家亲戚多多了！"说着伸出小手在空中画了一个很大的圈，看得对面小女孩目瞪口呆。

现在的家庭，一般都是三口之家或者四口之家，孩子理解的亲人概念就是爸爸妈妈和身边人。家族聚会却是维系其他亲情的纽带，带孩子参加家庭聚会，就能让孩子知道，除了自己的家人，还有那么多爱自己的亲人。

"我爱你"是最好的口头禅

世上最容易说出口的话是"我爱你"，世上最难说出口话却还是"我爱你"。而"我爱你"却是世界上最动听的情话。

小勤和小美是同班同学，也是一对好朋友，不同的是，小勤每天总是乐呵呵的，小美却总是一副心事重重的表情。这一点让老师觉得很奇怪，小勤的爸爸妈妈没有正式工作，是临时工，日子过得一般。小美的爸爸妈妈都是大学教师，家里条件优越。按理说，性格多半是由家庭环境和条件决定的，她们两个人性格不同，也应该小美喜气洋洋，小勤愁眉苦脸才对，怎么可能家庭条件一般的喜气洋洋，家庭条件优渥的愁眉苦脸呢？后来经过多方打听，老师才知道事情的原委，原来小美的爸爸妈妈虽然是知识分子，但是两个人经常发生争吵，最近还在冷战。虽然在小美的劝说下，能坐在一张桌子上吃饭，但是小美总是担心两个人会一言不合吵起来。小勤的爸爸妈妈虽然生活得很辛苦，但是每天小勤的爸爸都会对妈妈称呼"亲

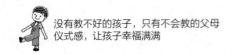
爱的"，还常说"我爱你"。小勤的妈妈也一样，不仅总把这三个字挂在嘴边，而且两个人遇到事情的时候，有商有量，使得他们日子虽然清贫，但是却洋溢着幸福和快乐。被幸福和快乐的氛围包围着的小勤，脸上当然是一脸笑容了。

其实，在家庭中，"我爱你"拥有巨大的能量。一个作家讲了她的一个故事，她小时候，爸爸妈妈经常争吵，所以家里的氛围非常不好，她吃饭的时候，都担心爸爸妈妈会吵起来。有一天，她到同学家去玩，看到同学家的书桌上放着一张卡片，她拿起来看，发现上面画了一颗很大的心，里面写着漂亮的"我爱你"。她很好奇问同学："是谁的贺卡？"同学告诉她："是爸爸送给妈妈的生日礼物，昨天是妈妈的生日，这一定是妈妈忘了收起来了。"还悄悄地告诉她，她爸爸妈妈平时总说"我爱你"，两人人还像小孩儿一样牵着手。她一下子就记住了，回家悄悄买了两张贺卡，分别写上"我爱你"，一张送给了爸爸，一张送给了妈妈。爸爸妈妈虽然知道是她的小计谋，但是关系缓和了许多，家里的氛围也好多了。作家说，现在每天都会和先生说"我爱你"，先生也是，两个人还经常在孩子面前"秀恩爱"。她说，千万不要怕孩子看见你们"秀恩爱"，你们关系越好，孩子越高兴，越放心。

"我爱你"，之所以让很多人说不出口，是因为心底的那份小羞怯。特别是作为家长的爸爸妈妈，更是不愿意当着孩子说出来。然而，事实上，孩子并不介意这件事，反倒很乐意听到爸爸对妈妈说"我爱你"。"我爱你"是一种美好的表达，更是一种幸福的传递和共鸣，说出"我爱你"一点也不丢人，而且还美好得让人艳羡。

家长怎样引导孩子把这富有魔力的三个字说出来呢？

首先，当然是爸爸妈妈以身作则。作为家庭的主心骨，爸爸和妈妈永远是孩子观望和模仿的对象。当爸爸含情脉脉地对妈妈说出"我爱你"，妈妈也温柔地回应"我爱你"的时候，"我爱你"三个字也会在孩子的心里种下一颗种子。

好友阿俊给我讲了他们家的故事。他和妻子是小学同学，中学同学，大学又是同学就在一起了。但是关系虽好，他们也像所有人一样含蓄，不轻易把这三个字说出口。有一天情人节，他给妻子买了一束鲜花，妻子自然是受宠若惊地接了过去。事情在他这里发生反转，看着为家庭操劳显得疲惫的妻子，他突然有些激动和难过，在妻子耳边说了一句"我爱你"。谁知道这一句话被五岁的小儿子听到了。儿子不仅学他的样子对着妻子和自己说"我爱你"，还总是拿着花学着他的样子，把花递给妈妈说："妈妈，我爱你。"自此之后，他经常听到孩子嘴里说出这三个字。

其次，"我爱你"不应该仅仅是爸爸妈妈的专属，它是一个情感的表达，对家庭的所有成员也要敞开怀抱。

阿俊说，自从发现儿子喜欢看爸爸妈妈说"我爱你"，就把这三个字用在了每个人的身上。自己对爸爸和妈妈也说"我爱你"，对岳父岳母也说"我爱你"。妻子也和他一样，找准时机地把这几个字递到爸爸妈妈耳朵里，并且两个人还告诉儿子，不仅要对爸爸妈妈说这几个字，也要对爷爷奶奶说这几个词，因为爷爷奶奶照顾他很辛苦，而且爷爷奶奶也和爸爸妈妈一样爱他。现在"我爱你"成了他们家里的"口头禅"，经常能听得到。最惊讶地就是，保守了半辈子的俊父，竟然在听惯了大家的这句问候之后，在俊母生日的时候，说出了这三个字，使得俊母流下了感动的泪水。对于阿俊夫妇和儿子三个，这几个字更是家常便饭，现在在他们家，哪一天听不到"我爱你"这三个字才觉得奇怪。

爱真的不适合遮遮掩掩，"我爱你"也不该羞于出口，说"我爱你"能

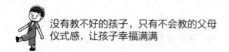
展示最好的仪式感，说了，爱就变得正式、热情又沉甸甸；说了，爱就像阳光般明媚、像花儿般绚烂。而对于孩子，家人之间常说"我爱你"，是对他们最好的示范和启蒙。

父母相爱，是对孩子最好的爱的教育

女儿出生后，一直跟着我们生活，就算她外婆过来照顾她，她还是喜欢黏着我们，我们去哪儿，她就要去哪儿。五岁了，女儿还是要跟我们睡，她的睡姿是大大的"八"字形，而且还是不断移动的"八"字形。很多个夜晚，动来动去的女儿，让我们很难睡个好觉，第二天总是两对熊猫眼。

女儿到了该分床睡的年纪，我们好说歹说，她半夜还是会悄悄往主卧钻。后来，女儿外婆跟女儿说："那是爸爸妈妈的房间，白天你可以串门，晚上你只能回自己的房间。"女儿不太听得进去，女儿外婆拉着女儿的小手，指着电视机的画面说："你看看，电视剧里都是爸爸妈妈睡一个房，小宝贝自己睡一个房，你看他们多开心。"

一次，女儿问："每家的爸爸妈妈都住在一起吗？"爱人笑着说："幸福的家庭都是这样的，你也希望我们是幸福的家庭吧。"慢慢地，女儿开始明白，爸爸妈妈和自己要分床睡，不是因为爸爸妈妈不爱她，而是因为她已

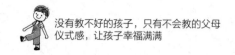

经长大了，爸爸妈妈又需要独立的空间。

有了女儿之后，我和妻子基本上没有自己的时间，没时间单独外出吃饭，没时间一起看电影，更没有时间去旅行。一年下来，每个双休和节日，我们都陪着女儿，换着花样让她过周末和节日，可谓是什么好玩的都试过。

情人节时，我和妻子早早安排了二人世界，订了烛光晚餐和房间。我提前就跟女儿说了："这个节日，爸爸妈妈不能陪你过，因为这是爸爸妈妈的节日，三百六十五天才有一次的爱的节日。"听我这么说，女儿不哭不闹，安安静静地送我们出门。

过完情人节回家后，我们给女儿讲这个情人节的细节，还给她看我们拍摄的照片。那些照片很甜，是女儿平时看不到的甜，也是我们难得一次的秀甜蜜。

女儿一本正经地说："我有个小伙伴，爸爸妈妈分开了，妈妈天天陪着她守着她，可是妈妈不开心，她也不开心。外婆告诉我了，爸爸爱妈妈，妈妈也爱爸爸，这样的家庭才是最好的家庭。"

女儿开始了解幸福，了解爱，我想这就是一件非常好的事情。孩子对幸福和爱的理解，便是孩子未来获得幸福和爱的基础。

我和爱人结婚十周年纪念，我们决定去爱开始的地方看看。这一次，我们没有拒绝女儿，而是带上她一起踏上了行程。

十年的时间，曾经熟悉的绿荫道、小桥和亭子还在，但是四周多了许多建筑物，昔日的静谧也被打破了。可是，当记忆回到了原点，往日的画面历历在目，仿佛一切都在眼前。女儿好奇地看着我们，而我们只是摸她的头，不多说什么。

我们在绿荫道上手牵手，昔日的忐忑不安和甜蜜心情，又重上心头。我们在小桥上驻足，用自拍杆留下了大合照，心底却是昨日的小桥流水以及年轻的彼此。我们在小亭坐下，石柱上有年轻人留下的情话，曾经的我们也做过同样的傻事。

爱人竟然在小亭铁链上找到当年的同心锁，同心锁是我们十多年前恋爱的象征。女儿对同心锁格外有兴趣，我耐心地告诉她："相传，月老有一件叫同心锁的宝物，如果一对相爱的男女打动了他，他就会赐给他们同心锁，让他们一生一世永结同心不分开。"

女儿似懂非懂地问："等我长大了，也会遇到我爱的同时也爱我的人吗？"爱人摸摸她的头说："懂爱的人都会拥有爱，宝贝快快长大吧。"

其实，父母不必遮遮掩掩自己的情感，父母相爱会让孩子看到爱、读懂爱，也会在未来的日子好好爱。很多时候，不需要长篇大论，也不需要刻意为之，父母相爱已是对孩子最好的教育。

有没有仪式感，你的家庭真的不一样

虽然越来越多的人意识到仪式感的重要，但是依旧有人认为仪式感并不重要，有没有仪式感无所谓。然而，现实并非如此，有无仪式感的家庭真的不一样。

小宇是我的朋友中非常有仪式感的一位，他和妻子二人无论工作多忙，每周都要给在家乡的父母打三个电话，无论多忙，每半年就要抽出时间带着父母外出旅游一次，每年春节到父母家过年是一个必然的项目。而我另一个朋友张伟，却完全没有仪式感。春节家家都贴春联，挂灯笼，夜里吃年夜饭看烟花，热热闹闹，喜喜庆庆。他们家从来没有这样过，每年除夕那天下午的年饭吃完，晚上早早地上床休息，和平时没有什么两样。

而他们两家的孩子呢？小宇家的孩子今年四岁，是一个小男孩，每周爸爸妈妈给爷爷奶奶打电话的时候，一定要和爷爷奶奶说一句："爷爷奶奶我想你了"，不然都不许爸爸妈妈挂断电话。幼儿园一放假，马上追赶着爸爸妈妈回去看爷爷奶奶。还总吵嚷着让爸爸妈妈给爷爷奶奶买礼物。

而张伟家呢？因为家庭没有仪式感，没有气氛，他们家的儿子小海，每天都阴郁着小脸，一副不开心的样子。一次学校组织孩子春游，孩子们都是第一次春游，兴奋之情溢于言表，老师刚宣布完，孩子们就在教室里大喊狂欢，只有他冷冷地坐在椅子上，一点儿高兴的样子也没有。

孝顺需要启蒙，爱也需要启蒙，一个注重仪式感的家庭，注重的其实就是对仪式感的启蒙。仪式感，从来都不是心血来潮，更不是突然的装腔作势，而是深入骨髓的一种习惯。有了仪式感，生活才会变得那么正式，那么讲究，也那么难以忘怀。

仪式感也像家风一样，会传承的。我的父亲就是一个极富仪式感的人。一次，我和父亲到杭州去玩，碰到一个老乡，两个人只是蜻蜓点水地谈了几句，父亲却说什么都要请人家吃饭。那顿饭花了一千多元。一千多元放在今天也不是小钱，父亲平时还节俭，却说难得他乡遇故知，这个钱花得值。后来，家族发起修谱的工作，父亲是最活跃的那个，喊着出钱出力都没问题。很多同姓家人久疏联系，重新联系上并不是件容易的事。而更多时候，哪怕只是有一点蛛丝马迹，就要大海捞针般去寻找，每次得到消息，父亲总是主动请缨。那段时间，父亲东奔西走，在省内各地奔波，甚至还飞了两次北京和上海，整个人忙得团团转，他却一点怨言都没有。

那本家谱历时三年多才修缮完毕，当时我也就八九岁的样子。但是我却记得父亲抱着家谱的表情，脸上充满了无限的幸福和喜悦，以及一种想跟人分享这一切的冲动。

后来，我每每遇到同姓人的亲切感，对同家族的长辈的尊重，以及对同辈人的亲密无间，相信大部分都源于父亲对我的影响。很多时候就是这样，父母的行为可能暂时得不到孩子的理解，但是那些行为却会慢慢植入孩子的

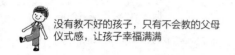

心灵，久而久之就会树立孩子的人生观和世界观。

小时候过年，爸爸妈妈总要给我们买好吃的和新衣服。现在，好吃的和新衣服都不稀罕了，到了春节，我会给女儿在网上淘一些美食，也总给她买两套春节要穿的衣服。起初，女儿对这些并没特别的感觉，可能以为就是正常添置的美食和衣物。于是，我找了机会跟她说："爸爸小时候，过年是一定要穿新衣的，这意味除旧迎新，旧的过去，新的到来。每年过年，爸爸特地为你买两套新衣，还给你买很多很多零食，是让你体会体会过年的感觉，过年不是平平常常的一天，是很特别特别的日子。"

谚云："十月一，冬至到，家家户户吃水饺。"每到冬至，家里都会安排吃一顿饺子，起初女儿总是犯嘀咕："为什么偏偏吃饺子，我喜欢汉堡、薯条，我要吃比萨。"我耐心地说："正月十五吃元宵，三月三吃地米菜鸡蛋，五月初五吃粽子，八月十五吃月饼，每个节目都有不同的食物，只有在节日当天吃了相应食物，才算是真正把这个节过好了。"虽然我解释得不是太透彻，但是女儿知道冬至吃饺子，真的是一件非常重要的事情，也就不那么抗拒了。久了，女儿想吃饺子了，便会问："冬至还有多久到，我想好好过这个节。"

让我欣慰的是，我的女儿也像我一样注重仪式感。有一次我过生日，因为我平时工作比较忙，把生日的事情早忘到脑后面去了，但是女儿却记得，那天早上我刚起床，女儿就趴在我的床边给了我一个吻，又让我闭上眼睛。等我睁开眼睛，我的眼前已经摆了一张卡片，上面是女儿歪歪扭扭的几个大字："爸爸生日快乐！"女儿告诉我，这个是她亲手给我画的，等她长大了，挣钱了，一定给我买最好看的生日蛋糕，好好帮我过生日。事情还没完，晚上的时候，我去接女儿放学，女儿硬是把我拉进来蛋糕店，买了一个大蛋糕，我要付钱的时候，她偏偏要拿自己的压岁钱付，说这是她给我过生日，就要花她的钱。

当我把这件事情当成一件趣事分享给朋友听的时候，朋友们直夸我有福气。就像一个人，有仪式感的家庭和没仪式感的家庭，从骨子到气韵都会不一样。而孩子的幸福指数也不一样，女儿常常仰着小脸和我说："爸爸，我觉得咱们家好幸福啊。"

第七章
被仪式感拥抱的孩子，幸福满满

　　每一对父母都有一个朴素的愿望，希望自己的孩子幸福，为了这个美好的愿望，付出了大量的时间、精力甚至金钱。其实，孩子的世界很简单，让孩子感受到幸福也很简单，就是给孩子足够的仪式感，让他被仪式感紧紧拥抱。

幸福，都藏在精致的仪式里

　　有一个这样的故事，有一只小狗问妈妈，大家都在找幸福，幸福到底在哪里呢？妈妈说，幸福就在你的尾巴尖上。于是小狗就跑呀跑，跑呀跑，可以跑了好久也没有找到幸福。又垂头丧气地来找妈妈，妈妈笑着对它说，你试着转过头来，小狗听了妈妈的话，转过了头，轻松地看到了自己的尾巴尖。妈妈告诉它，幸福不是追着跑，是要回头找。我们似乎每天都在追逐幸福，也总是想让孩子得到最好的，让孩子永远感受到幸福。其实，人间的幸福同样不是追寻的，而是营造的。而营造的途径，就是让你的一切都精致起来，都变得仪式和庄严，因为，人类的幸福是藏在仪式感里面的。

　　有一年，我和妈妈到外婆家走亲戚。当时是春节时期，妈妈带着我给姥姥买了好多礼物，并且叮嘱我，现在是春节，见到了姥姥一定要向姥姥拜年，说吉利话。我听了，心里莫名的庄重起来。到了姥姥家，按照妈妈的吩咐，抢先向姥姥拜年，又小大人一样把妈妈买的礼品抢过去，让姥姥品尝。

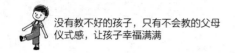

姥姥高兴坏了，拉着我左看右看，还往我的手里塞了一个大红包。时隔多年，想到姥姥亲切的笑脸，想到姥姥和舅舅们给我拿出的好吃的，我就满身都洋溢着温暖和幸福。

其实，平时我也是经常去姥姥家的，自然也会和妈妈买礼物，但是，就没有这种感觉，当时我就在想，是不是因为过年的原因，才让我感受到了这份喜乐和愉悦呢？后来随着年龄的增长，经历的事情增多才明白，根本就不是那个样子，是妈妈把这件事做得有仪式感，让我觉出了事情的与众不同。

每次春节回姥姥家前，妈妈都会让我们穿上过年买的新衣服，还会在我的口袋里揣上几块糖和零食，说到时候给舅舅家的小弟弟。还会提前教我说很多拜年的话，告诉我见到谁都怎么说。当时我也就七八岁，但是妈妈嘱咐我的时候，我觉得自己就是一个大人了，于是乖乖地点头，也乖乖地照做。

自然，到姥姥家还有一个重头戏，就是给姥姥磕头拜年，姥姥会给我拿一个垫子放在地上，我跪在上面说一些吉祥话。说的时候没觉得自己难为情，相反觉得自己受尽了宠爱，觉得过年好有意思，一家人在一起好幸福。所以，每年我都早早地催妈妈带我到姥姥家，妈妈以为我小，是着急找小表弟们玩，只有我知道，我是想体会那种暖洋洋的感觉的。

其实，所有的幸福都是藏在仪式里的。不信你看，每个小朋友都喜欢过生日，并且对生日铭记于心，还不是我们在他们生日的时候精心筹备，给他们惊喜，让他们知道这个日子的与众不同。如果你没有给他那种仪式，那么这个日子就会和平常日子一样普通，没有任何差别。孩子年龄小，他感知世界，还是需要透过身边的各种事物，各种气氛。春节本来就是一个宁静祥和，充满欢乐的节日，可是，我们老家的一个孩子小白，却对这个日子没感情，没感觉。原因是他的爸爸妈妈离婚了，没有人愿意要他，他和爷爷奶奶生活。而更不幸的是，他爷爷是个酒鬼，奶奶又非常懒，总认为照顾他是个累赘，他的童年没有别的孩子所拥有的好吃的，好穿的和好玩的，过年更没有礼物和压岁钱，所以，他对新年和春节都没有太大的感觉。有一年我带着女儿回老家去过春节，他看着我女儿穿着漂亮的衣服，扎着漂亮的小辫子，竟在一旁笑我女儿"臭美"。孩子的话，童言无忌，听到这话我没有生气，反倒有些悲哀，要是这个孩子也知道春节是阖家团圆的日子，如果有一个人给他好好过一个生日，他会这样吗？

这个孩子，对节日无感，对幸福也是无感的。有一天，我问他，你感觉幸福呢？他愣愣地看着我，根本就不明白幸福是什么意思，在他的世界里，没有仪式，更没有幸福。

而和他几乎同龄的我女儿就不一样，我女儿不止一次晃着小脑袋和我说："爸爸，我怎么觉得我好幸福呢！"有一次，她又这样说，我故意逗她问："那你告诉爸爸，你怎么就觉得幸福了？"她说："你看，你和妈妈都对我这样好，老师也对我这样好，我想吃什么就吃什么，想做什么就做什么，想到哪里去玩就能到哪里去玩，你们还总送我礼物我当然幸福了。"

是啊，我们认认真真陪伴她每一天，认认真真呵护她每一秒，教她爱和幸福含义，她怎么能不幸福，怎么能感受不到幸福？如果小白也有这样的陪伴，这样的给予，我相信，他也能和我女儿一样，感受到幸福，感受到这个世界的美好的。

对于女儿，我别的不敢说，在仪式这件事情上，我教授得足够多，因为我觉得，人生本来就充满了许多无奈和平淡，如果再不给自己制造些惊喜，对世界充满好奇，喜欢新鲜事物的小宝贝们，又怎么能尽快爱上这个世界。

想要给孩子幸福，想要让孩子铭记幸福的瞬间，感知到幸福，先把做的事情装在各种仪式里，因为，所有的幸福，都是藏在精致的仪式里的。

有了仪式感，世界不再简单

三岁的妞妞有一个习惯，每天早上醒来，都要在爸爸的脸上亲一下，如果爸爸已经起床了，也会跑到爸爸身边，香香地给爸爸一个吻。

自然，妞妞的吻不仅给爸爸，也给妈妈，每天妈妈下班回来，妞妞的小手一定攀上妈妈的脖子，然后，小脸就会贴到妈妈的脸上去。

妈妈说，这是她家的爱的仪式。每天早上和晚上，他们家都重复着爱的动作：爸爸和妈妈抱着妞妞亲吻，说早安和晚安。

而五岁的胖牛家的爱的仪式却是胖牛给下班回来的爸爸妈妈拿拖鞋。有好几次，爸爸妈妈下班回来，自己换了拖鞋，胖牛从屋子里走出来，偏要爸爸妈妈穿自己拿的拖鞋，爸爸妈妈没有办法，只好换上胖牛递过来的鞋子。

妞妞和胖牛都是我的邻居。妞妞的爸爸和胖牛的爸爸和我说的时候，我觉得他们家的气氛一定非常和谐幸福。

我有一个朋友，就非常注重营造仪式感。有一次我带着孩子到他们家去玩，他正在家里煮面。可就是这样一个简简单单的煮面过程，都让我对他刮目相看。他先从冰箱里找出香菜、生菜、培根、火腿肠，又找来了虾，之后才烧水，把简单的速食方便面煮成了一顿川味火锅。他说，虽然是吃面，但是也不能太随便，也要吃出趣味来。他还说，我们的生活都太平淡，这样平淡的生活，如果我们不自己制作点花样，那么。生活还有多少意义呢，还不和平淡的白开水一样。

想一想，他说得很有道理，生活是有些平淡，但是我们有理由让生活不平淡。家长是孩子的老师，尤其是陪伴孩子成长的时候，把生活过得平淡了无生趣，和把日子过得活色生香，妙趣横生，带给孩子的是完全不同的体验。有一个词叫"原生家庭"，我们给孩子提供的成长环境就是孩子的原生家庭，我们对生活的态度，直接决定着将来孩子对生活的态度，也直接决定着孩子将来的幸福指数。

你越有仪式感，孩子越有充实感。所以，在家里要经常给孩子营造仪式感。

可是，生活本来就是平平淡淡，周而复始，怎么营造仪式感呢？很简单，就是用心。好友"栗子派"就是这方面的典范，她家有很多"仪式"：在固定的地点吃饭，在固定的时间吃点心，晚饭后一家人手挽手去散步，每周的周末，固定的家庭活动，每月专门选出一天，全家出动，到公园、展览馆或者干脆就到郊外转一圈，感受一下田野的气息。

而她家最值得一提的就是固定的餐点。"栗子派"喜欢做烘焙，尤其喜欢做曲奇蛋糕，她有一个女儿，喜欢吃甜食，最喜欢吃这种蛋糕，小的时候，每天都吵着吃。蛋糕太甜，她怕吃坏了孩子的牙齿，就把吃蛋糕的日子定在了星期六。每个星期六，吃完午饭，她就投入到做蛋糕的工作中，自然也会让女儿帮忙。然后，一家人坐在一起，喝茶、吃蛋糕，美美地享受一段

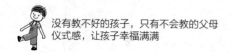

下午茶的惬意时光。

除了下午茶，每天饭后的散步也是她家的保留节目。吃过晚饭，她和老公就会牵着女儿的手到附近的公园。而且更有仪式感的是，她和老公都分别伸出小拇指，让女儿牵着，女儿小手紧紧地攥着他们。她说女儿的手心会传出来一股温热，这股热流，传达到他们指甲，总是让她和老公感受到是幸福的电流穿过。

当然，这些都是平常的生活小事，但是生活就是由这些平常小事组成的，小事不注重，不让它充满情趣，又怎么能保证让你的人生充满情趣？

有一次我带着女儿到"栗子派"家参加派对，女儿一下子就被她营造出来的仪式感吸引了，女儿说："爸爸，要是咱们家每个星期六都能吃到妈妈做的蛋糕就好了，那样我会非常非常期待的。"看到女儿陶醉的样子，我突然想到了《小王子》中的小狐狸。经典童话《小王子》中，小狐狸对小王子说："你最好在每天相同的时间来，比如你在下午四点钟来，那么从三点钟起，我就开始感到幸福。时间越临近，我就感到越幸福。到了四点钟我就会坐立不安，如果你随便什么时候来，我就不知道在什么时间准备我的心情，仪式能让我觉得某一天某一刻与众不同。"

生活是需要仪式的，我们的生活太平淡，平淡得有些了无生趣，需要仪式感来充实和点缀。那些节日和纪念日，不都是人为制造的仪式日吗？就是提醒我们，日子需要仪式去美化，爱需要窗口去表达。让你的日常生活充满仪式感，你的孩子，也会珍惜生活，也会仪式感满满，得到的就是幸福满满，同时，有了仪式的加持，简单的日子，会变得不再简单。

这一点，我在"栗子派"身上看到了完美的诠释。有一次，我们几个朋友商议带着孩子出去郊游。带孩子出行是一件麻烦的事情，所以几家人商量买点现成的食品就好了，大家是去游玩看风景的，也不是去劳动的。"栗子

派"却不这样认为，她说，大家好不容易聚一下，怎么也要体会到其乐融融
那种乐趣，买食物太敷衍了，她提议带着烧烤架，到郊外去自助烧烤，让孩
子感受一下大自然，也让孩子体会一下野餐的乐趣。并自告奋勇地提出来，
如果大家觉得麻烦，她可以做大家的烧烤师傅，全程为大家服务。自然不可
能把工作全都交给她的，不过我们听了她说的话之后，都心动地依了她的
建议，准备了烧烤架和食材，结果可想而知，那一次野餐让我们所有人都大
呼过瘾，记忆犹新。尤其是几个小孩子，更是扬着小脑袋问，什么时候再出
去玩。

而她家的孩子，在她的熏陶下，做什么事情也有板有眼，讲究仪式，从
不敷衍。一次她到我们家来玩，妻子给她和我女儿洗草莓，洗好的草莓，妻
子随手就放在手边的小盆里，小家伙见了，笑眯眯地问妻子，可不可以把草
莓装在盘子里。妻子告诉她可以，不过有些奇怪，好奇地问她："放在哪里
不都是草莓，不都是吃吗？"小家伙晃着头说："不对，那可不一样。"说
着自己拿了一个白色的盘子，当她把红红的草莓放在盘子里的时候，我们才
知道真的不一样，瓷盘是白色的，草莓是红色的，娇艳欲滴，放在一起，精
致又美丽。

小家伙笑着说："我妈妈从来都是把草莓放在盘子里的。"有样学样，
有了这次仪式的演习之后，女儿吃水果，也不再让妈妈放在随手拿起的果盘
里，而是吵着要放在白色的盘子里。她的理由是，好看。

对于女儿的这一点要求，我们还是满足的，而且也开始反思自己以前的
敷衍，从而也在能力许可的范围内，让生活正式起来，精致起来。

把平常的日子过得不平常是种能力，把简单的生活过得有滋有味更是种
能力。而这两样，都可以从让生活有仪式开始，当你让仪式成为一种生活习
惯，这一切都迎刃而解。

在孩子心里，仪式感等于被宠爱

在女儿成长的过程中，我始终忘不了女儿小时候的一个情景，那时候我还在上班，每天一下班回到家，女儿就冲上来，顺着我的腿攀到我的身上来。

女儿之所以有这样一个热烈的欢迎仪式，是因为我每天出门前都要把她抱在身上待一会儿，在我心里，那就等同于再见，只不过女儿那时候年龄太小，还不太懂再见的含义，而且还特别黏我，于是我每天出门就"发明"了这个仪式：让她攀到我身上来，然后抱她几分钟。开始的时候，女儿还是不太懂，攀在身上依旧不放手，不让我走，后来我告诉她，爸爸出门去赚钱，回来的时候，我们还抱抱，女儿才明白我走不是不要她，而是去做事情，就乖乖地放我走，等我回来的时候，再攀到我身上欢迎我，我们享受着仪式感满满的亲子之乐。

这个欢迎的仪式持续到女儿四五岁，那时她长大了，攀到身上来有些费力，也有些不太好了，于是，我们才停止了这个爱的抱抱。但是欢迎仪式还在，听到我回来，甚至听到我走上楼梯的声音，女儿就会跑到门口迎接我。

一次，女儿每天在门口等我的事被孩子的外婆知道了，她批评我说："一个小孩子，让你弄得那样多的'规矩'，多不好！"我笑着和她解释："不是我为孩子制定的规矩，这也只是表达关爱思念的一个仪式，我要是在家的时候，也会这样等她的。"而且对于小孩子来说，孩子不在乎你对他定的"规矩"多不多，而在乎你理不理他，很多时候这些看着没多大意义的事情，在他们心里却是有很重的分量，甚至代表爱不爱他。

我这样说可不是上纲上线，一次和一个朋友聊天，聊到孩子教育的话题，他说了一个他家孩子的故事。有一天，他家孩子从幼儿园回来噘着小嘴，仔细问才知道，孩子的幼儿园里，有一个叫新洋的小朋友，每天早上幼儿园的时候，妈妈都会在她的小脸上亲一下，而自己的孩子，送到幼儿园门口就让他自己走了，有时候会摇摇手和孩子说一下再见，更多的时候则什么也不说。孩子对此很生气，直言他们不爱他。朋友说，怎么能不爱呢？就是自己和孩子的妈妈都没觉出自己的行为有什么不正常来，不就是送孩子到幼儿园吗？安全送到学校，不就可以了吗？要那么矫情干什么呢？现在的孩子小心思真多。

朋友和我说的时候，表情非常无奈，好像他家孩子遇了一个多么大的难题一样。可是，只有我知道，不是孩子"矫情"，而是很多时候，这些看起来不经意的举动，对于孩子来说却意义重大，能让他们觉出自己是不是被宠爱。自己被敷敷衍衍的送到幼儿园门口，没有告别，没有再见，当然是不被宠爱了。孩子小，想事情的思维方式也简单，在他们的小脑袋里面，就是这样处理事情的，就是这样判断的。

孩子是需要爱的，而所有的仪式，对他来说都是爱的表现，都能让他感受到被喜爱、被宠爱。

有仪式感的孩子，能发现生活中的那些小美好

　　你可能听到过这样一句话：世界上不是缺少美，而是缺少发现美的眼睛。生活中也一样，在我们平淡的生活中，同样不是缺少美，而是缺少发现美的眼睛。而有仪式感的孩子，就拥有这样一双眼睛。

　　有一年，我随着朋友到外地采访，选择住在了朋友的亲戚家。朋友的亲戚家有一个小男孩五岁，长得虎头虎脑的，非常可爱，看见我们坐下来，凑过来指着阳台上面的天空说："叔叔你看，外面的天空真好看。"小男孩说完，孩子的妈妈连忙说，这个孩子不知道怎么回事，非常喜欢看天，没事的时候就喜欢看天上的白云，自己看还不算，经常会叫家里人看，说是天空好漂亮。让我们别介意小孩子的疯言疯语。我说不会介意的并顺着孩子的手指往外看了看，真的看到了不一样的景色：湛蓝的天上停着棉花糖一样的云，蓝白相映，怎么不漂亮呢？

　　我告诉孩子的妈妈，小朋友没有说谎，天空真的很漂亮呢，而且小朋友

好厉害，能发现天空的秘密，这样的细节，一般人是不太留意的呢！

听我这样一说，妈妈一下子打开了话匣子，说这个孩子好像生来就喜欢欣赏生活中的这些美。有一年秋天，她带着孩子出去玩，孩子看见路边的树底下有漂亮的黄叶，非要捡起来，说夹在自己的小书里，还有一次，两个人在林荫路上散步，也是秋天，树叶深深浅浅呈现出好几种颜色，非常漂亮，小家伙边走边说真漂亮，好像走进了画里一样。让她都禁不住慨叹，这么小的一个孩子，怎么对美好的事物这么有感应呢，难道是上帝给他多开了一扇窗？

不过，从她接下来的讲述里我才知道，根本不是上帝为孩子开的窗子，而是她为孩子开的窗子。她是一个非常有仪式感的人，做什么事情，都喜欢做好，孩子是她一手带大的，就有样学样的把她的仪式感学了去。比如，她家的鞋子，总是规规矩矩地摆在鞋架上，小家伙的鞋子也就规规矩矩地摆在鞋架上，从来没有乱扔过。有时候爸爸回来太累了，脱完了鞋子没有及时放在架子上，小家伙就会跑过来把鞋子放好，而且还会小声地叮嘱爸爸一下。她每天晚上吃完晚饭的时候，总会在书桌前看一会儿书，小家伙也就拿着一本书煞有介事地坐在书桌前面，而每天睡觉前，则会雷打不动地拿着两本童话书让妈妈给讲故事。有时候，她有事情，忘了给讲故事了，会一直等着，不听妈妈讲故事绝不睡觉。

开始的时候，她没有发现自己儿子和别的小朋友的区别来，但是随着孩子年龄的增长，她才发现其中的不同，和其他的孩子相比，自己孩子对生活中的那些美好事物好像分外上心，比如天上的云彩，路边的草叶，甚至停留电线杆子的小燕子，都能看出事物的美好来。有一次她带着孩子在郊外的小路上散步，孩子走着走着，突然告诉她轻一点，原来路边的不远处落着一只小燕子，孩子说，小燕子一定是飞累了，千万不要惊动它，让它在路边好好

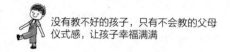
歇一会儿。

还有一次两个人坐车，看见一个妈妈抱着一个两三岁的小朋友，孩子转身对她说："妈妈你看，那个小朋友多幸福啊，他妈妈一定非常爱他。"这个妈妈说，可能孩子的心，被美好的事物填满了吧，不然怎么能这么容易发现生活中的美呢？

这个妈妈的说法，我不知道对不对，但是我知道，仪式感足的孩子，对美好的事物分外敏感，更容易发现生活中的那些小美好。之所以这样笃定，是因为我们家也有一个被仪式感包裹，仪式感满满的小女孩，她就是我的宝贝女儿。她做所有的事情，几乎都有程序，都有仪式，而对美，对美好的事物，有天生的敏感力。有一次我和妻子带她到她姑姑家玩，她偏要穿上新买的那件小裙子，说这件裙子和新买的凉鞋刚好搭配。我开始不太信，后来她穿上我才发现真是这样子，穿上就像一个小天使。让我不得不佩服她的审美能力。

而更让我佩服的是接下来的事情，我们回来的时候，是散步走回来的，走到一半的时候，女儿突然指着天空说："爸爸妈妈你们看，夕阳多漂亮啊！"我们顺着她的手指看，才发现太阳快要落山了，西边的天空被讲要落下的太阳染成了绚丽的金色，真是要多漂亮有多漂亮。而这么漂亮的景致，不是女儿，我和妻子未必发现得了。

生活不是缺少美，是缺少发现的眼睛。在女儿身上，我信了，我更信，是仪式感，让女儿拥有的这双眼睛。

有一句话说得好，用漂亮的杯子装水，水的味道可能一样，但心情不一样。仪式感就是那个可以让你心情好起来的杯子，让你的世界变得不一样，让你的生活变得更美好。

仪式感强，孩子更容易扬起自信的笑脸

你想没想过，仪式感和孩子的自信有关系呢？

有这样一件事情，学校举行庆祝活动，要求孩子准时参加，有的孩子穿了漂亮的衣服，梳了精致的头饰，言谈举止庄重自然，有的孩子穿着平常的衣服，动作随意散漫，哪个孩子会扬起自信的笑脸呢？答案显而易见，一定是庄重的那个孩子。

还有一件事情，一个是孩子每年过生日的时候，妈妈都会给做长寿面，煮鸡蛋，并且会拿着煮熟的鸡蛋在周身上下滚一遍，说要滚出好运气；一个是做顿平常的饭，没有蛋糕，没有祝愿，也没有仪式，请问，哪个孩子会更自信些呢？我觉得还应该是前一个孩子。仪式感能让一个孩子感受到被爱，被重视，被尊重，这几点是非常重要的自信元素，感受到了这些，孩子才更容易扬起笑脸，相反，孩子经常被忽略，就会感觉自己不被重视，时间久了，会有自卑感，和自信背道而驰。

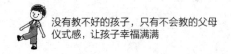
可以说，仪式感是孩子自信心的推动剂。如果你留意过自信心满满的孩子，就会发现这些孩子身上都有仪式感的影子。

上学的时候，我们班有个长得还算漂亮的女生，也是由于家庭生活困难的关系，她没被仪式感滋养过，各方面都很随意，自信就从没在她的脸上出现过。一次学校来班里挑选旗手，她因为身高和样貌都出众，老师推荐了她，可她摆着手说自己不行，让老师选别人；还有一次学校举行六一活动，她考了班级第一，老师让她代表学生发言，她也把头摇得和拨浪鼓一样，说自己不行。老师恨铁不成钢地说："你怎么就不能自信一些呢？"

仪式感决定人的自信力，尤其是对于小孩子来说，仪式感很多时候都是心情的晴雨表，决定着孩子的喜怒哀乐。有一年我到一个学校给孩子们做讲座，课后，有很多孩子纷纷围上来和我聊天。只有一个孩子一声不吭地坐在椅子上。一细问才知道，其他孩子的家长知道我来，提前给孩子买了我的书，让我签名，这个孩子没有钱买我的书，所以不敢上前来。事后虽然我免费赠给了这个孩子一本自己的签名书，心里还是久久不能平静。我在想，仪式感到底对孩子有多重要。

心理学家曾经说过，孩子的童年需要"四种营养"的滋养，分别是安全感、存在感、成就感和幸福感，而这几种"营养"，都离不开仪式感。试想一下，如果没给孩子极强的仪式感，不让孩子知道你在乎他，在意他，他能感受到安全感吗？能有强烈的存在感吗？能有强烈的成就感和幸福感吗？答案都是否定的。而一个孩子的自信，又是和安全感、存在感、成就感和幸福感息息相关的。没有了这几种感受，怎能扬起自信的笑脸？它们就是自信的底气。仪式感越强，孩子自信的底气越足。

只是很多爸爸妈妈不知道这个道理，我们经常听到的一句话就是，他一个小孩子懂什么啊，给他们那么好有什么用呢，仪式感就是一种形式，对小孩子来说一点用处都没有。我的邻居阿武就是经常把这句话挂到嘴边的人。有一年，他孩子的学校举办庆祝活动，学校要求孩子佩戴白手套，刚巧他们家没有白手套，孩子让他买一副，他却觉得孩子表演节目只戴那么一会儿，买太不划算，就给孩子借了一副。可是问题就出在这个借来的手套上，学校要求孩子佩戴全白的手套，借来的手套却在手背的地方镶了几颗钻。孩子当即表示不是老师要求的那款。可他却告诉孩子，一个表演糊弄糊弄就行了。结果那天表演，孩子刚伸出手来，就遭到了同学的嘲笑，孩子气愤地跑出了队伍，口口声声说爸爸只在乎钱，不管他出不出丑。更要命的是，从那以后，孩子再也不参加学校的集体活动了。一个孩子的自信心，就被一副手套毁掉了，我想这是阿武没想到的结果。

为孩子营造仪式感也不难，甚至不用花大量的金钱，每天定时定点给孩子做丰盛的早餐，庆祝节日的时候给孩子穿上正式的衣服，孩子取得了进步成绩，给他一些小奖励……可以说，只要用心，处处都能充满仪式感。

王小波曾经说过："一个人只拥有此生此世是不够的，他还应该拥有诗意的世界。"所以，为你的孩子营造一个充满仪式感的世界吧，那样他会更从容，更自信，更爱生活。

第八章

贯穿始终的仪式感，
最终会为孩子的成长加冕

　　追求仪式感并不是一件多么麻烦的事情，或许孩子的成长，需要太多太多的物质和精神的支持，而仪式感亦是最重要、最不可替代的一部分。人生需要仪式感，成长需要仪式感，亲子关系也需要仪式感，仪式感最终会为孩子的成长加冕，让成长变得耀眼和珍贵。

成长的幸福，从来都不会轻如鸿毛

家长最大的期望，就是希望自己的孩子过得幸福。但是，幸福却不是说说那样简单，孩子的幸福也是一样，需要认真体会和营造。

朋友方强是某单位的领导，他儿子方正暑假的时候参加了一个夏令营。方强早早地打算好了，等夏令营结束的时候，亲自开车去接方正，之后再带他吃一顿大餐。可是事与愿违，夏令营结束前的这段日子，方强的日程排得满满当当的，忙得上气不接下气，特别是每天大大小小的会议，压得他更是喘不过来，他好像没有时间去亲自接方正了，更别说吃大餐了。他想还是工作为重吧，大餐可以随时吃，他决定先"亏欠"儿子一次，以后再好好补偿，何况就是接他回来这样一件简单的事情。

这时候，方正却传来一个好消息，夏令营有一个比赛活动，活动第一名将返还参加夏令营的全部费用，还将颁发一份很有价值的奖品。而方正正是第一名的获得者，不仅能得到一份丰厚的大礼，还能返还所有的费用。方正

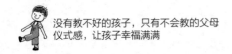
第一时间给方强打电话，告诉他这是自己第一次拿第一名，希望他能来参加颁奖礼。儿子简简单单的一句话，却让方正改变了主意，果断地调整了几个会议。

他做出这个决定的时候，方强的下属非常诧异："夏令营的第一名，值得你如此兴师动众吗？有什么比工作重要？"方强笑笑说："你们没听到我儿子说，这是他第一次得奖吗？或许在你看来，这个仪式并不重要，但事关孩子就很重。工作固然重要，孩子成长的时间转眼即逝，分享孩子的幸福和成就，对我这个爸爸来说，才是最大的快乐。"

是的，无论我们是身价不菲的老板，还是普通大众，都有一个名字叫爸爸，叫家长。钱可以再赚，但是孩子的成长，前一秒和后一秒都不一样，这些对我们才是最重要的。不过，很多时候，我们需要在工作和孩子之间选择，是去分享孩子的某一个幸福时刻，还是按部就班地完成自己的工作。

这让我想到了我女儿，半年前，我女儿缠着她姑姑买回一只仓鼠。我当时就露出不耐烦的神色："你连自己的东西都收拾不好，还想在家里养仓鼠，恐怕养不了几天就扔了。"可是，女儿一再请求，让我允许她继续留着仓鼠，她保证会好好地喂养仓鼠。看她这样执着，我只好同意，并想，如果哪天感觉她厌烦了，我就把仓鼠送人，总不能眼看着一个生命终结。

女儿的表现大出我的所料，她每天都耐心地给仓鼠喂食，逗仓鼠玩，到了周末便会给仓鼠洗澡、换锯末。家里虽然多了一只仓鼠，但是并没有难闻的味道，而且全家人也多了个乐子。养仓鼠的过程，女儿不仅爱心爆棚，而且越来越细心，甚至开始自己收拾课本和玩具。

女儿在日记里写到这件事："感谢爸爸支持我养仓鼠，养仓鼠让我觉得很快乐。"女儿的快乐就是我最大的快乐，我不由得收回了之前的坚持，不仅不再反对女儿养仓鼠，还陪着她一起养仓鼠。闲了，我还在网上淘喂养仓鼠的各种食物，我也开始觉得养仓鼠是一件有趣的事。

成长需要幸福感，和孩子一起体验幸福，是最重要的事情，也是最有仪式感的事情。

有的家长认为，和孩子爬山浪费时间，和孩子去科技馆太无聊，和孩子去演唱会太奇怪。然而，有幸跟孩子相处的时光是美好的，当孩子毫无保留向你敞开了心扉，这是你了解孩子最好的时机。孩子成长的过程中，免不了有一些小确幸，那是孩子发自内心的欢喜。

当我们总是烦恼代沟的存在时，我们更应该珍惜和孩子的相处，更应该珍视孩子微不足道的幸福。把孩子的幸福当作天大的事，把孩子的体验当作最好的体验，我们才能感同身受，并且给予最好的关爱和支持。

当我们和孩子分甘同味，当我们和孩子步伐一致，孩子才会把我们当作朋友，才会跟我们说心里话，才会把他最幸福的感受分享、传递给我们。

爱不是纵容，爱不是放纵，爱是了解，以及了解后的理解。我们了解并理解孩子的成长的幸福，这便是我们和孩子最好的共鸣。

没有随随便便的成长，成长从来都不随便

作为家长，挂在我们嘴边的词莫过于孩子什么时候长大，而作为小孩子，做得最多的梦也是自己长成和爸爸妈妈一样的大人，然而，成长真的不是想长大就能长大的，它需要时间，更需要心血。就像没有随随便便的成功一样，也没有随随便便的成长。

老乡张荣一直在发愁，自己的孩子博博不爱讲话，平时有人想跟他说点什么，他却总是紧锁嘴唇，半天都蹦不出几个字。比起那些能说会道的孩子，博博简直像个哑巴。学校经常组织一些活动，需要招募小主持来主持节目，张荣游说博博去报名，博博把头摇成拨浪鼓。有一次晚会，博博被叫上台参加互动环节，博博倒是上了舞台，可是在舞台上却说不出半个字，也不肯配合节目流程。就这样，博博被另一个孩子替换了，失去了表现自己和获取奖品的机会。

后来，张荣开始打听相关的口才培训班，希望把博博的胆量和口才提升

一下。培训班选好，学费也交了，博博却一连三次都逃课了，他说自己不是能说会道的那种孩子。张荣却劝说："谁的人生不曾临阵脱逃，谁又不曾抗拒过挑战，你的临阵脱逃和抗拒挑战，也是成长必须经历的过程。"张荣没有责怪博博，甚至还把这一切当作博博成长的必经之路，耐心地等待博博的转变和成长。

博博慢慢地开始接受了口才培训班，系统地了解说话之道。随着时间的推移，博博越来越勇敢，也越来越自信，开始主动地跟小伙伴们说话，甚至逗得小伙伴咯咯直笑。小朋友打趣道："博博简直换了一个人，实在是棒得很。"在别人看来，博博仿佛一刹那就改变了自己，其实他的转变都源于他的努力坚持。

失败、挫折和批评，对于孩子来说，从来都不是糟糕透顶的事情，透过失败、挫折和批评，孩子才能找到成长之路。成长从来都不是随随便便的，总会经历一些这样那样的坎坷，总会遇到这样那样的麻烦，当孩子们勇敢地跨越了，就会发现这都不是事。可是，回过头来看，依旧有会发现没有随随便便的成长。

后来，博博越来越厉害，不光可以跟小伙伴多交流，还会参加一些学校的节目，大大方方地唱歌或者表演别的节目。

张荣会收藏每一次节目的照片，特别是有博博的画面都会珍藏。张荣懂得，孩子前行的每一步都不容易，记取人生的艰难和挫折，是为了证明自己努力过。那些看似得来容易的片段，渐渐地，也被证明并非如此。成长不是件容易的事情，不是大叫大喊就能换来岁月答复，不是不折不挠就能幸运胜出。但是，曾经的不容易终会被全世界看到，那段不好走的路也会被铭记，因为没有什么能阻挡成长。

也许有一天，你发现你的孩子突然长个了，仿佛昨天还是一个小小人

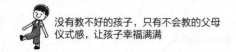
儿，可转眼的时间就挺拔了。孩子长身体是挺快的，可能一天就是一天的高度。可是，孩子心理的成长，却是一个略显漫长的过程。

而这个成长是我们最容易忽视，却又最不该忽视的。我曾经在一本书里看到这样一段"深恶痛绝"的"忏悔"：如果时光能够倒流的话，我宁愿陪在孩子身边，看着他一点点长大成人；如果上天再给我一次，重新陪伴孩子的机会的话，我宁愿舍弃我如今拥有的一切！"忏悔人"是一个功成名就的企业家。之所以这样深恶痛绝的忏悔，是因为他年轻的时候，为了多赚些钱，和妻子撇家弃子在外面闯荡。

世上没有白吃的苦，功夫不负苦心人，他们赚了个盆满钵满。但是经济富足了，却遗失了一件东西，他们错过了孩子的成长。当初为了多赚钱，他们把孩子放给了乡下父母照看，乡下各个方面条件都差，父母对文化重视程度不够，对孩子成长教育方面的知识更是欠缺，对孩子疏于管教，孩子先是厌学，再是逃学、辍学，最后和社会上的孩子混在了一起，拉帮结伙，夜不归宿，成了一个游手好闲的浪荡少年。

如今他纵有万千身家，也改变不了孩子不思进取，不学无术的状况。他悔恨并痛恨自己。他说，如果当初知道自己的疏忽和缺席，会对孩子有这样大的影响，他宁可不外出，不赚钱，全家在一起过苦日子。

看到这个内容，总让我想起一句在知乎上看到的话："我这辈子最骄傲的事情是没让我的孩子成为留守儿童。"

我向这句话的主人致敬。孩子的成长只有一次，我们做父母的，真的应该陪在孩子身边，和他一起行。

经常听到人说一个词，叫"静待花开"。说孩子的成长不用耗费那样多的心血，让孩子自己长，慢慢长，就会长成自己的模样。真是大错特错，凡是经历过孩子成长的人都知道，静待花开对于孩子来说是世界上最大的谎言，"玉不琢，不成器"，你不去培养和雕琢，孩子怎么能长成理想的模样？在孩子成长这件事上，从来都没有随随便便，从来都不应该随随便便。

所有美好的决定，都不该半途而废

世上最难走的路是坚持，最容易走的路是放弃。

谢伟胖胖的，谢伟的儿子晓阳，也胖胖的。学校里，好多同学嘲笑晓阳，说晓阳再不减减肥，恐怕路都走不动了。晓阳暗暗发誓要减肥，于是跟谢伟说："爸爸，我们一起减肥。"谢伟听了也挺有触动的："咱们爷儿俩一起减肥。"

在谢伟和晓阳的计划书中，每天要围着小区外的环山公路跑一个来回，大概有七八公里。开始几天，晓阳积极，谢伟也积极，环山公路总有他们跑动的身影。晓阳兴奋地说："爸爸，过不了几个月，我和你就是标准体型了。"

可是，才过了一个星期，谢伟就不想跑了，准备放弃减肥大计。见自己的爸爸都要放弃，晓阳顿时像泄了气的皮球。好几天，晓阳把自己关在家里，哪里也不去，谁也不肯理。后来晓阳的妈妈乐姐问："我可爱的阳阳，你到底怎么啦？"晓阳便一五一十，把爸爸临阵脱逃的事情说了出来。

乐姐和谢伟聊了聊："健康减肥是多么好的一件事，你不仅不给孩子做榜样，竟然自己先半途而废了，这说得过去吗？"乐姐的一番话，让谢伟坐不住了，再看着自己的一身肉，于是重启了跑步减肥的计划。

减肥是一个美好的决定，但是执行这一决定却是非常艰难了，谢伟不仅每天咬牙坚持，还会时不时鼓励一下晓阳。

大概坚持了一个多月，谢伟和晓阳的体重都明显下降，跑步也越来越轻松。就像旅行者穿越沙漠，终于和美景撞个满怀一样。谢伟和晓阳的减肥之旅，迅速进入了潇洒自如的阶段。

现在几个月过去，谢伟和晓阳已经把跑步当作了日常的爱好，他们的体重早就回到了正常标准，而且肌肉也越来越扎实。而曾经的晓阳，由于体型变化得太快，同学们都夸他太有毅力了。

我认识一位报社的记者，他走南闯北地采写新闻，见到过很多贫困地区的学生，他们别说像城里孩子一样穿漂亮衣服，就连基本的学习用品都没有。他看到很受触动，决定每年暑期都去探访一个贫困地区，给那里的孩子送去必需的文具和衣物。

他的儿子小景五岁时，被他带着参加这个非常有意义的活动。小景是城里出生长大的，从来没去过那么贫穷的地方，那里简直超出了他的想象。小景随他给贫困孩子送东西，和他们聊城里的那些事，还约着来年再见。

小景连续四年去不同的地方看望并帮助贫困小朋友，这成了他每一年的例行计划。每一次，小景的心灵都会被深深震撼，总是跟他爸爸说："爸爸，小朋友太可怜了，而我过得太幸福。明年，不，每年，我们都要来一次爱心之旅。"

小景九岁这一年，他爸爸离开了报社，工作比以前更忙了，忙得连平时

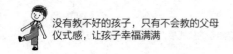

回家的时间都少。可是，暑期一到，他仍然忙里偷闲，安排着一年一度的爱心之旅。当小景说"爸爸，我以为你早忘记了"时，刘鹏说"这么好的事当然要坚持，不仅今年，以后每一年都要"。

现在我已经不知道他们这样做多少年了，只知道，他们坚持下来真不容易，知道他是一个好爸爸。

或许有一千个理由放弃，然而坚持却只有一个理由，因为那是和孩子最美好的决定，约定好了就决不放弃。世上很多事情，都是败在半途而废上的。

童年的所有坚持下来的美好约定，回忆起来都是满满的幸福味道。小时候，我和妹妹体质弱，爸爸为了增强我们体质，带着我们跑步，他规定每天早上跑半个小时，每天晚饭后跑半个小时。开始的时候，我们不喜欢跑，他不急也不恼，带着我们跑。记不得具体跑了多少年了，只记得从小学一年级开始，他就带着我们跑步了，我们跑不动还在前面讲笑话给我们听。我们当时也是不喜欢的，但是看见父亲跑，我们就跟着跑了下来。如今，再走在家乡的那条小路上，都能想到当年和父亲并肩跑步的样子，那个感觉，早已经不是小时候被逼迫的不情愿了，相反是浓浓的思念，浓浓的感慨。还好，当年父亲坚持，还好，当年我们没放弃，不然怎么能有这个美好的回忆。

就像所有美好都不应该被辜负一样，所有的美好约定也不应该被辜负，这对于孩子还说，是一件再重要不过的事情。

只要用心，每一段成长都可以绚烂

刚上幼儿园时，女儿就对画画产生了巨大的兴趣，我们也给她报了兴趣班。那些学画画的日子，女儿每天都过得开开心心的，时不时拿出自己的作品给我们分享。说实话，女儿的画作还很稚嫩，不过却充满了无限的童趣。

学了一个阶段，幼儿园准备展出部分孩子的画作，而这其中没有女儿的画作。女儿垂头丧气地说："可能我就是比别的孩子笨，连老师都不喜欢我画的画。"后来，我悄悄跟老师商量，在幼儿园画展举办之前，在走廊的墙壁上为女儿办一个画展，而且是专属于女儿一个人的画展。

某个周一，送女儿去幼儿园，她意外地发现了墙壁上自己的画，不是一幅，而是好多幅。女儿在自己的画作前驻足了很久，也有许多小朋友围过来看，还叽叽喳喳地说着些什么。其实，幼儿园的孩子画画本来就是兴趣，再加上女儿的画童趣满满，很快就收获了很多很多的赞美。

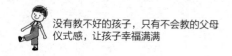

回家后，女儿兴奋地说："我竟然有了自己的画展，每一幅作品都被展出，我真的太开心了。"我没有第一时间告诉女儿，这个画作的策划者就是我，但是女儿不再沮丧，而且画画的劲头十足。过了很久很久，我才告诉她，是我策划了一切，女儿略显意外，说了一声谢谢。

当幼儿园再次组织画展时，根本不需要我再次出手，因为女儿顺利地入选了。想想当初的我费尽心思地为女儿筹划画展，到后来女儿凭实力入选画展，我觉得曾经的努力是值得。身为家长本来就是孩子的守护神，在适当的时候用心做点事，会让孩子的人生多一些仪式感，多一些值得铭记的时刻。

有了仪式感，成长就会变得格外绚烂，普通的日子会多了份惊喜，无趣的日子多了趣味。仪式感不是起点，也不是终点，仪式感是人生的里程碑。当我们给予了孩子仪式感，孩子便会更勇敢、更自信地面对未来的路。

女儿升小学了，画画的兴趣不减反增，我们给她在校外报了培训班，每周有两节课的学习。转眼，半年的学习过去了，培训机构要进行例行的颁奖活动。颁奖活动之前，培训机构就透露了全部的奖项，女儿获得的是一年级组的优秀奖。优秀奖无疑就是安慰奖，覆盖了所有没获得等级奖的孩子。

对于这个颁奖活动，爱人和我争执了很久，争论的焦点是让女儿单独去，还是我们也陪着去。爱人的观点是不去，毕竟并没获得等级奖，而我的观点是一定要去，这也是女儿很重要的时刻。结果，爱人留在了家里，我和女儿赶赴了颁奖现场。

依照惯例，培训机构一开始就颁发了优秀奖，而我作为获奖家长代表上台讲话。我低头看下面，好几个拿优秀奖的孩子，家长并没有跟着过来，只有孩子不明就里拿着奖状。接着，我笑着说："我不愿错过每一次和女儿分享喜悦的机会，优秀奖也是非常非常不错的奖项，我希望我的女儿能够开心地领奖，并且在未来的日子画出更好的画，做更快乐的孩子。"

听我这么说，本来在下面闷闷不乐的女儿，突然抱紧了自己手中的获奖证书，脸上也笑开了一朵小花。发完言，我和女儿都没有离开，我们观看了整个颁奖仪式，给每一个获奖者热烈的掌声。女儿低声说："爸爸，谢谢你，下次我要变得更优秀。"

其实，对于孩子，不管是突出还是平淡，不管是名列前茅还是并列优秀奖，我们都应该用心以对。每一个时刻都不容错过，错过了就没有了仪式感，没有仪式感的成长总会有缺憾。

后来，女儿一直坚持学画画，不管在培训班还是在家里，她的画笔总是不停。画纸堆满了书桌，每次想翻看都弄得书桌一团糟，重新收拾也是费时费事。后来，我们想到一个好办法，那就是给女儿再办一个画展，这个画展不是在幼儿园，也不是在小学校园，而是在家里的墙壁上。

我们去买了很多相框和贴纸，用女儿的作品布置了一个画展，也给家里做了一道美丽的背景墙。可以说，这道美丽的背景墙，成了我们家的新风景，来做客的人纷纷驻足观摩。每次画作被客人欣赏，女儿就在一边静静地看着，揣摩着客人脸上的表情，如果有三两句表扬，顿时乐开了花。

当然，孩子的画作不可能张张经典，幅幅完美，但是作为家长，依旧有责任给予高度的肯定和支持。展出孩子的画作，就是一种精神上的肯定和支持。如此一来，会让孩子在享受这种礼遇的时候，会对画画保有更大的兴趣和热情。

后来，我们又给这道背景墙增加了很多画作，而所有的作者无疑就是女儿。女儿自信地说："等我长大了，我一定要做一名画家，把自己的画展从

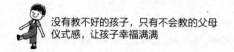
家里开到美术展览馆，开到全国各地甚至全世界。"

　　或许有人说，成长总是平淡的，其实只要用心，每一段成长都可以绚烂。而让成长绚烂的，肯定是不可或缺的仪式感，是仪式感让成长变得更美好。

每一个波澜不惊的日子也可以如此生动

前不久，朋友送来三张海洋世界的门票，正好我们有段时间没陪孩子外出了，决定周末去海洋世界转一转。

我问爱人，要做什么准备时，爱人说不用特别准备，零食饮料家里还剩一些，要拍照用手机就好。可是，我提议还是再买点吃的，另外就是找朋友借单反用来拍照。爱人嘀咕着"多此一举"，而我却着手去准备了。

我带着女儿去超市，让她挑自己喜欢的零食和饮料，还去网购了一套亲子装。接着，我找了好几个朋友，才借到一部不错的单反相机。我试着拍了一下照片，确定效果不错才放心。

爱人不以为然地说："就是去个海洋世界，你搞得像环球旅行一样。"我非常肯定地说："每一次的家庭出游都是很珍贵的，哪怕只是去海洋世界，也要跟环球旅行一样隆重。"

说实话，那一次的海洋世界之行很快乐，我们和女儿看到了很多海底生

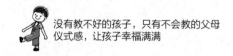
物。海豚表演最值得期待，全场的小朋友瞪大了眼睛，女儿也倾着身子看得入神。从海洋世界出来，女儿一路上都在念叨着，说下次还要来。

同时，在游玩的过程中，我们拍摄了很多照片，单反相机拍出的效果确实很赞，关键是，在走马观花的游览后，回家还能重新好好回味和欣赏。

女儿说："这真是难忘的一天，这一天非常美好。"其实，这只是平凡的一天，出游也只是平平常常的出游。或许随着时光的推移，这一天慢慢就被遗忘了，或者最终会平淡得不愿再提起。可是，我们筹备出游的过程，单反相机留下的画面，却会让我们的记忆加深，让我们在未来的日子，有让时间倒带，让人生回味的机会。

女儿放暑假的日子，我们天天关在家里吹空调、吃西瓜。可是，足不出户的日子，久了便会显得无趣。我带着女儿，沿着小区外的湖边前行，夕阳在远处西沉，湖面上波光闪耀，整个画面美得那么灿烂。

湖边有老人在钓鱼，有年轻妈妈推着小宝宝纳凉，也有小哥哥小姐姐骑着共享单车兜风。女儿遇到了美术培训班的小伙伴，亲密地拉着手说悄悄话，久久都不愿分开。我们继续向前走，重新刷黑的马路又平整又宽广，心情也突然变得更好了。

前方是一所大学的后门，我们进校园转了转，有学生在打篮球，也有学生相约着慢跑。我趁机和女儿聊了未来求学的事，我想她去北京上清华北大，她想就近上这所院校，永远都不要离开我们。

玩累了，我们一人一支"可爱多"，边吃边往家的方向走。此时，夕阳已经完全沉下去了，月亮爬了上来，星星也挂满了天空。女儿给我说起她的几个小伙伴，还说到学校里发生的有趣的事。

这一天，我们没有拍照，没有看新的风景，都是熟悉的湖水和校园，只是一个普通的不能再普通的夏日傍晚，可是我们的心情却格外地舒畅。

回家后，我继续开电脑写作，女儿写了一篇很长的日记。女儿写道："这是我终生难忘的一天，爸爸请我吃'可爱多'，我觉得他是想吃'可爱多'，他真的太可爱了。"

也许这一切真的没有那么难忘，也就是三百六十五天最普通的一天，可是平凡的日子也有幸福和快乐，也有记忆的闪光点。不管记住一天或一年，还是一辈子，平凡的日子也是值得纪念的。

在无趣的日子里，找到有趣的感觉

　　孩子们日盼夜盼，终于盼到暑假的到来。可是，家长就不轻松了，平时把孩子送到学校就万事大吉了，顶多到周末陪一陪，或者送去培训班。暑假到了，孩子几乎二十四小时围着家长打转。倘若家长安排得好，孩子还能乖乖地带着，不然一天到晚叫无聊，而怎么让无趣变有趣，却是一个不小的难题。

　　我的老同学邵丽是个全职太太，她的女儿妞妞八岁多，新学期准备上三年级。由于夏天太热了，邵丽只给孩子报了几节游泳课，并没安排什么别的培训。邵丽想，与其把妞妞这里送那里送，倒不如自己在家里带。

　　邵丽提前买了一些故事书，也把故事书里的故事记在了心里。等妞妞做完一日份的暑假作业，邵丽给女儿端上水果和零食，接着便是讲那些有趣的故事。孩子总是喜欢听故事的，邵丽绘声绘色的描述，让妞妞迅速忘了做功课的辛苦。后来，妞妞一做完功课，就缠着邵丽讲新故事。显然，邵丽的一切努力并没有白费，讲故事的安排也让无趣的假期慢慢地有了一些趣味。

当然，邵丽也不可能一直讲故事，讲多了自己累，孩子也不一定乐意听。于是，邵丽开始带着妞妞一起看抖音等短视频，这些短视频五花八门，邵丽精心挑选了两类短视频，一种是适合小朋友的跳舞视频，另一种是大人小孩都适合的折纸视频。跟着小视频，跳一会儿舞，折一会儿纸。

一天，邵丽和妞妞在网上又发现一个有趣的软件，可以把小孩变老，又可以把大人变到孩提时代。邵丽和妞妞玩得不亦乐乎，制作了很多邵丽小时候的照片，又制作了很多妞妞年老的照片。邵丽和妞妞互相取笑着对方的扮相。虽然只是小小的软件，但是有趣又有意义，让孩子体会了成长的意义。

邵丽和妞妞还突发奇想，要把暑假的一天拍成微电影，而导演就是妞妞。妞妞在电影里，介绍了自己的家和妈妈，还拍下妈妈讲故事的情形，以及跟着小视频跳舞和折纸的片段。微电影最后，是邵丽的娃娃照和妞妞的老年照，还有她们抱在一起流泪的脸。

邵丽把微电影分享到家长群，好几个家长都说："妞妞的暑假过得真有趣，看来我们还需要多用心。"在朋友圈里，邵丽也是收获了大把的点赞，还有小朋友看了大人的朋友圈，嚷着要过来跟妞妞一起玩。

其实，在无趣的日子，找到有趣的感觉，无非是动点小脑筋，花点小心思，找点小乐子。熟悉的地方也有风景，无趣的日常也能制造乐趣。

我和女儿的日常娱乐是背唐诗，玩成语接龙。我平时喜欢看书，在我的影响下，女儿的最大爱好也是看书，所以背唐诗，玩成语接龙这样的小游戏，对她来说都不在话下。有时候，我的头脑反应慢一点，都会被这个小丫

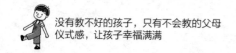

头抢了先去。

不过抢了先又能怎么样呢？我们的时光变得有趣就好了。

有一次，爱人去参加同学聚会了，只有我和女儿在家，女儿又无聊地吵着要玩我的手机。小孩子都迷恋手机，知道这点不好，却一点办法也没有，可是又不能这样让她"胡作非为"啊，我想了想对她说，只许她玩二十分钟，二十分钟后有惊喜。

小孩子都是有极强的好奇心的，为了早点知道惊喜是什么，还没到二十分钟，就把手机还给了我，并急急忙忙问我，惊喜是什么。我拿出一本《古诗集》说，平时我们总是看谁接的诗多，今天我们玩一个新花样，看谁古诗读得好。说着我打开手机的音频软件，告诉她这里能够配上音乐。我们把读好的诗储存起来，让妈妈做裁判，并让妈妈给奖励。

小家伙一听高兴坏了，不等我调好手机软件就迫不及待地开始读。整整一下午的时间，我们都在读诗和听录音中度过，玩得不亦乐乎。经常看书、读诗、背诗，小孩子是会感到枯燥的，为了不让她想着靠手机打发时间，我还发明了另外一种活动项目：赶小猪。

我找来空的饮料瓶和挂历纸，先把挂历纸卷成一个细细长长的直筒，之后再把饮料瓶包上一层挂历纸，画上小猪脸，之后拿着纸棒把"小猪"赶到沙发底下。有时候是她先赶，有时候是我先赶，我们比赛，看谁能先把"小猪"赶回家去。女儿赶的时候，饮料瓶不听使唤，东倒西歪，横冲直撞，引得女儿一次次哈哈大笑。

每个家长都喜欢看孩子的小脸，都喜欢听孩子的笑声，听到女儿的笑声，我的心情总会涌上一阵幸福来。

孩子也一样，她不止一次和我说过："爸爸，我最喜欢跟你在一起了，最喜欢和你玩了。"

人人都在追寻幸福，都在寻找幸福的定义，这难道不是幸福最好的注解吗？把你的每一份每一秒都过得有意义、有仪式感，那么，就能体会到幸福的滋味。

日常的仪式感，造就幸福的将来时

提到仪式感，很多人就会把它想得很庄重，其实，仪式感没有想象的那样遥远，它藏在了日常的一饭一蔬，一茶一饮，一动一行里，更藏在潜移默化的细枝末节里。

朋友周娴不喜欢儿子曦阑吃学校的盒饭，她觉得那种大锅大灶炒出来的菜没味道，只有家常的饭菜才是最适合的。于是每天早晨她都会给儿子准备午饭。开始的时候，曦阑是不肯带饭的，但是吃了几次学校的盒饭之后，他就不再坚持了，并且还会和妈妈煞有介事地"点菜"。

而周娴为孩子准备饭也非常用心，有菜、有肉、有汤、有颜值。她给曦阑准备的饭碗，也充满童趣，充满食欲。周娴说："我多花了一点点时间，只是希望曦阑吃好一点。虽然孩子也可以在学校吃盒饭，但是也可以选择精致些。"当然，并不是说每个家长都要去学周娴做便当，成长的仪式感也不仅仅限于一顿好吃的午餐。

周娴的事，让我想到了自己小时候的事。至今如果让我回忆起小学时候的事情的话，我还会非常羡慕房锐同学。我们当时上学的时候，学校还没有食堂，孩子都需要在小卖店买零食作为午饭。但是房锐却不用，每天的第三节课，我们班的门会准时被敲开，那是房锐的爸爸来给她送午饭。有时候是排骨，有时候是米饭配鸡块，有时候是莲藕，有时候是鸡蛋炒饭，有人问为什么每天都要辛苦的送饭，房爸爸给出的答案，让我们异常难过，房爸爸说，他舍不得孩子小小的胃每天被硬硬的垃圾食品填充。我们表面上总是开房锐的玩笑，说她是一个小孩儿，还要爸爸送饭，但是在心里对她羡慕得不得了。那时候还没有"仪式感"这个词，现在看来，房爸爸给她送饭这件事，就是充满了仪式感。

当然，仪式感不仅仅存在于"吃"这样的事。可以贯穿在方方面面，比如阅读。大家都知道阅读的好处，也都知道亲子阅读的好处，但是随着网络和智能手机的普及，不管大人还是小孩都迷上了上网。说到阅读，除了微博、头条、公众号的碎片化阅读，电子书也越来越多。但是我却钟情于读纸质书，给女儿选书的时候，也选纸质书。每天晚饭后，没有事情做的时候，和女儿一人一本书，或者和女儿同捧一本书读，在我看来，这是我能想到的，也是我最能够感受到的浪漫的事，最有仪式感的事。

有人可能会说，内容还是那些内容，电子书阅读起来更方便，而且成本也会低很多，让孩子读电子书没什么不好。说实话，看着孩子抱着电子产品看书，总是有一种忧心的感觉。不光是会伤孩子眼睛，也会增加他们对电子产品的依赖。

而最重要的是，电子书阅读是无法取代纸质阅读的。纸质书的质感是电子书无法取代的，可以想象孩子在书房翻动书页，和孩子滑动手机看书，绝对是一种不一样的体验。电子阅读的走马观花，只会让阅读也变得浮躁。而只

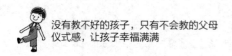
有捧读纸质书，才是孩子和书本最好的接触，也是最有仪式感的阅读方式。

高尔基说过："书籍鼓舞了我的智慧和心灵，它帮助我从腐臭的泥潭中脱身出来，如果没有它们，我就会溺死在那里面，会被愚笨和鄙陋的东西呛住。"臧克家也说过："读过一本好书，像交了一个益友。那些捧读的日子，就是孩子心灵吸收养分的时刻，唯有捧读散发墨香的纸质书，才显得分外的勤恳和虔诚。"和精致的午餐一样，坚持阅读纸质图书，都是日常的仪式感。

孩子仪式感贯穿于生活之中，才会让孩子的生活更讲究，也更认真，而所有的讲究和认真，都足以带我们去远方，造就幸福的将来。